생각한다는 것

너머학교 열린교실 01

고병권 선생님의 철학 이야기 # 생각한다는 것

고병권 글 정문주 · 정지혜 그림

너머학교

사람은 자연학적으로는 단 한 번 태어나고 죽지만 인문학적으로는
여러 번 태어나고 죽습니다. 세포의 배열을 바꾸지도 않은 채 우리
의 앎과 믿음, 감각이 완전 다른 것으로 변할 수 있습니다. 이것은
그리 신비한 이야기가 아닙니다. 이제까지 나를 완전히 사로잡던 일
도 갑자기 시시해질 수 있고, 어제까지 아무렇지도 않게 산 세상이
오늘은 숨을 조이는 듯 답답하게 느껴질 때가 있습니다. 내가 다른
사람이 된 것이지요.

　어느 철학자의 말처럼 꿀벌은 밀랍으로 자기 세계를 짓지만, 인간
은 말로써, 개념들로써 자기 삶을 만들고 세계를 짓습니다. 우리가
가진 말들, 우리가 가진 개념들이 우리의 삶이고 우리의 세계입니
다. 또 그것이 우리 삶과 세계의 한계이지요. 따라서 삶을 바꾸고 세
계를 바꾸는 일은 항상 우리 말과 개념을 바꾸는 일에서 시작하고 또
그것으로 나타납니다. 우리의 깨우침과 우리의 배움이 거기서 시작
하고 거기서 나타납니다.

아이들은 말을 배우며 삶을 배우고 세상을 배웁니다. 그들은 그렇게 말을 만들어 가며 삶을 만들어 가고 자신이 살아갈 세계를 만들어 가지요. '열린교실' 시리즈를 준비하며, 우리는 새로운 삶을 준비하는 모든 사람들, 아이로 돌아간 모든 사람들에게 새롭게 말을 배우자고 말하고자 합니다.

무엇보다 삶의 변성기를 경험하고 있는 십대 친구들에게 언어의 변성기 또한 경험하라고 말하고 싶습니다. 이번 시리즈를 위해 우리는 자기 삶에서 언어의 새로운 의미를 발견한 분들에게 그것을 들려 달라고 부탁했습니다. 사전에 나오지 않는 그 말뜻을 알려 달라고요. 생각한다는 것, 탐구한다는 것, 느낀다는 것, 믿는다는 것, 기록한다는 것, 꿈꾼다는 것, 읽는다는 것……. 이 모든 말들의 의미를 다시 물었습니다. 그리고 서로의 말을 배워 보자고 했습니다.

'열린교실' 시리즈가 새로운 말, 새로운 삶이 태어나는 언어의 대장간, 삶의 대장간이 되었으면 합니다. 무엇보다 배움이 일어나는 장소, 학교 너머의 학교, 열려 있는 교실이 되었으면 합니다. 우리 모두가 아이가 되어 다시 발음하고 다시 뜻을 새겼으면 합니다. 서로에게 선생이 되고 서로에게 제자가 되어서 말이지요.

2010년 봄 고병권

차례

기획자의 말 5

철학, 좋아하세요?   9

잘 살고 싶다면 철학을 하세요   15

생각하는 기술, 철학   31

생각 없이도 살 수는 있어요   45

생각이 일어나면 다른 내가 되어요   59

생각이 공부이고 공부가 자유입니다   81

철학은 친구가 되는 겁니다   101

철학은 행복이고 우정이고 자유이고 공부입니다   119

철학자 작은 사전 125

철학, 좋아하세요?

저는 철학을 좋아해요

여러분 철학 좋아하세요? 철학이 뭔지도 모른다고요? 아무 걱정 마세요. 오늘은 처음으로 철학을 배우는 시간이잖아요. 제가 이 책을 쓴 이유는 딱 하나, 여러분을 철학의 세계로 꼬드기기 위해서랍니다. 저는 철학을 좋아한답니다. 철학을 여러분과 함께 하고 싶어요.

자기가 좋아하는 걸 남도 좋아하면 기분 좋잖아요. 여러분도 그럴 때 있죠? 좋아하는 가수가 있는데 친구가 어느 날 그 가수를 좋아한다고 말하면 어떠세요? 여러분이 재미있게 읽은 책을 다른 친구가 이야기하면 어때요? 저는 애니메이션을 좋아하는데 정말 좋아하는 작품은 친구들에게 선물하기도 하지요.

제가 만난 사람 중에는 좋은 걸 혼자만 가지려는 사람도 있어요. 뭐 닳아 없어지는 것도 아닌데 자기만 듣고 자기만 봐야 한다고 생각하나 봐요. 좋은 걸 자기만 갖고 있다고 자랑하는 사람들 혹시 주변에 없어요? 그 사람들 정말 그것을 좋아하긴 하는 걸까요? 그냥 남들이 좋아하는 걸 자신이 갖고 있다는 사실을 슬기는 거셌죠. 남들의 부러움을 사고 싶고, 남들에게 으스대는 걸 좋아하는 것뿐입니다.

그런 사람들 이야기는 여기서 더 하지
않기로 해요. 여러분 좋아하
는 게 있으면 마구마구 퍼
뜨리세요. 지금부터 제
가 그럴 작정이랍니다.

여러분은 무얼 좋아
하세요?

여러분은 무얼 좋아하세요? 저는 어
렸을 때 야구를 좋아했어요. 초등학
교 5학년 때 프로야구가 처음 생
겨났거든요. 정말 좋았어요. 저
만 그런 게 아니었어요. 우리 반
친구들 거의 모두가 야구에 푹
빠졌어요. 지금은 '기아 타이거
즈'로 바뀌었지만, '해태 타이거즈'라
는 팀의 열렬한 팬이었지요. 얼마나
그 팀을 좋아했는지 선수들의 타율,
안타, 홈런, 도루, 방어율, 심지어

생일까지 다 외웠어요. 친구들끼리 누가 더 많이 아는지 내기를 걸기도 했고요.

초등학생이었는데도 어른들이 보는 신문, 잡지, 책 가리지 않고 읽어 댔어요. 친구들 앞에서 아는 척하려고 정말 공부 많이 했지요. 지금 생각하면 우스울 정도로 야구 공부를 열심히 했어요. 학교 수업 시간에 야구를 배운 적은 없지만 우리는 선생님들보다도 야구를 더 많이 알았던 것 같아요. 각 선수의 장단점은 물론이고 감독의 작전까지 우리는 정말 대단한 야구 전문가들이었지요.

뭔가를 정말로 좋아하면 단지 구경하고 해설하는 걸로는 성에 안차요. 우리는 친구들과 당장에 팀을 만들었고 토요일엔 어김없이 다른 팀과 시합을 했어요. 일주일 내내 야구만 했던 것 같아요. 주중에는 야구에 관해서 읽고 말하고, 주말에는 실제로 야구를 하고요. 포크볼을 잘 던지려면 손가락이 길어야 한다고 해서 한 달 내내 손가락 사이에 동전을 끼고 다닌 적도 있어요.

만날 야구 이야기만 하니까 야구에 별 관심도 없던 내 짝꿍이 이렇게 물었답니다.

"도대체 야구가 뭔데 그렇게 난리니?"

"응, 야구란 말야……."

그때 모르긴 몰라도 제 눈은 엄청 반짝였을 겁니다. 야구가 뭔지, 왜 내가 그걸 그렇게 좋아하는지 말해 주고 싶어 안달을 했거든요.

이제 정말 철학 이야기를 해야 할 때가 되었네요. 초등학교 때 야구에 흠뻑 빠져서 야구를 하며 살았듯이 지금은 철학을 그렇게 좋아해요. 철학책을 읽는 것도 재밌고, 철학자들의 말을 생각하는 것도 좋아요. 하지만 정말 좋은 건 '철학을 하면서 사는 것'이에요.

철학을 공부하는 건 영어나 수학을 공부하는 것과 조금 달라요. 철학을 공부하는 것은 즐겁고 행복하게 살아가는 방법을 익히는 거랍니다. 그것도 야구처럼 직접 몸과 마음을 모두 써서요.

자, 이제부터 제가 생각하는 '철학하며 산다는 것'에 대해 말해 볼게요. 저는 왜 철학을 좋아하는지, 제가 생각하는 철학은 어떤 것인지, 그 이야기를 해 볼게요.

잘 살고 싶다면
철학을 하세요

철학을 하면 잘 살 수 있어요

철학을 하면 뭐가 좋을까요? 철학을 하면 잘 살 수 있답니다. 잘 살기 위한 기술, 그게 바로 철학이에요. 귀가 솔깃하세요?

'아, 나도 한번 잘 살아 봤으면.'

혹시 그렇게 생각하는 친구가 있다면 철학을 하세요.

그럼 철학자들은 모두 부자일까요? 글쎄요. 그런 것 같지는 않아요. 철학으로 돈을 많이 번 사람은 들어 보질 못했어요. 오히려 돈은 없는데도 잘 사는 사람들이 있지요. 도대체 무슨 말이냐고요?

제가 물어볼게요. 여러분은 잘 사세요? 잘 사는 것과 못 사는 것의 기준은 무엇일까요?

"너희 집 잘 살아?"

누군가 이렇게 묻는다면 그것은 무슨 뜻일까요? 네, 맞습니다.

"너희 집 돈 많아?"

그런 뜻이죠. 하지만 함께 생각해 볼까요? 왜 '잘 사는 것'과 '돈 많은 것'이 같은 말일까요? 돈이 많고 적은 것과 잘 살고 못 사는 것은 무슨 관계일까요?

내가 디오게네스, 바로 개요

우리가 돈 많은 사람을 잘 사는 사람이라고 부른다면, 세상에서 가장 못 산 사람은 철학자 디오게네스일 겁니다. 그런데 디오게네스는 스스로 가난을 원했어요. 굳이 부자가 되고 싶어 하지를 않았지요. 사람들은 재산을 모아야 잘 살 수 있다고 생각했지만, 그는 소박하게 살아도 얼마든지 행복할 수 있다는 걸 알았어요.

디오게네스는 그런 지혜를 어느 꼬마에게 배웠지요. 물을 마시러 우물가에 갔을 때, 디오게네스는 맨손으로 물을 마시는 꼬마를 보았어요. 그때 그는 자루에 들어 있던 컵을 던져 버리며 이렇게 말했답니다.

"저 아이가 나보다 더 소박한 삶을 살고 있구나."

컵도 없었지만 아이는 시원한 물을 행복한 표정으로 마셨나 봐요. 꼭 컵이 있어야 맛있는 물을 마실 수 있는 건 아니지요. 디오게네스는 그런 식으로 접시도 버렸어요. 접시를 갖지 못했던 어떤 꼬마가 빵을 움푹 파서 거기에 콩을 담는 걸 본 순간 말이지요.

컵도 버리고 접시도 버린 디오게네스. 재산은 없었지만 자신이 가난하다고 생각하지 않은 것 같아요. 그는 이렇게 말했거든요.

"세상의 모든 것은 신의 것이다. 그런데 지혜로운 자는 신의 친구들이고, 친구들끼리는 물건을 함께 쓰지 않는가. 그러니 모든 것은 신의 것이자 지혜로운 자들의 것이기도 하다."

　이 말이 무슨 뜻일까요. 저는 이렇게 생각합니다. 무언가를 자기만 가지려 하는 사람은 결국 그것밖에 가질 수 없습니다. 내가 내 것을 고집하면 내 주변의 친구들도 그럴 것이고, 그렇게 되면 우리는 서로 자기 것을 빼앗기지 않도록 조심해야 할 거예요. 하지만 서로가 가진 것을 나누어 친구가 된다면 우리는 모두 함께 부자가 될 수 있어요. 제가 좋아하는 음반을 친구에게 선물하자 친구는 제게 재밌게 읽은 책을 선물해 주었죠. 그럼 우리는 음반도 갖게 되고 책도 갖게 되는 거예요.

　그런데 디오게네스는 좀 더 많이 생각한 것 같아요. 그는 지혜로운 사람은 신과 친구이기에 모든 물건을 굳이 자기 것으로 만들 필

● 디오게네스(기원전 412년?~323년)
디오게네스는 오늘날 터키의 시노페에서 태어났습니다. 그리스 아테네에서 공부했고 나중에는 코린트에서 살았지요. 소크라테스의 제자였던 안티스테네스의 제자로 알려져 있는데요. 스승이던 안티스데네스도 검소하게 살았지만, 디오게네스는 전말료 소위ㅏ 물욕에서 자유로웠던 사람입니다. 평생을 옷 한 벌과 자루 하나를 가지고, 길거리에 굴러다니는 통 속에서 생활을 했지요.

(『철학자 작은 사전(126쪽)』에서 이어집니다.)

요가 없다고 생각했어요.

세상의 모든 존재들이 다 친구라는 사실을 알면 우리는 세상 모든 것을 함께 누릴 수 있음도 알게 될 거라고요. 자기 것은 없었지만 그는 자신이 누구보다 부자라는 걸 알았어요. 재산이 없어도 세상 모든 것을 함께 누릴 수 있다고 생각했기 때문이지요.

여러분 이 이야기가 어려운가요? 그럼 디오게네스의 다른 이야기를 하나 해 줄게요.

혹시 디오게네스와 알렉산더 대왕이 만난 이야기 아세요? 디오게네스에게는 집이 따로 없었어요. 그래서 커다란 빈 통을 하나 구해다가 거기서 잠을 자곤 했지요.

그러던 어느 날 알렉산더 대왕이 찾아왔어요. 대왕은 자신을 이렇게 소개했답니다.

"내가 알렉산더, 바로 이 나라의 대왕이다."

그러자 디오게네스가 응수했지요.

"내가 디오게네스, 바로 개요."

알렉산더가 자신을 대왕이라고 소개하자 디오게네스는 자신을 개라고 말했지요. 정말 겁도 없었나 봐요. 왕에게 '네가 왕이냐? 그럼 나는 개다!' 뭐 그런 식으로 답을 했으니까요.

그래서 알렉산더가 물었지요?

"너는 내가 두렵지 않느냐?"

디오게네스가 말했지요.

"당신은 좋은 사람인가요, 나쁜 사람인가요?"

알렉산더가 답했습니다.

"나는 좋은 사람이다."

그러자 디오게네스가 말했지요.

"내가 좋은 사람을 왜 두려워해야 한단 말입니까?"

디오게네스는 이렇게 생각한 것 같아요. '당신이 훌륭한 사람이라면 사람들을 두렵게 만들 이유가 없을 것이며, 나 역시 당신을 두려워할 이유가 없을 것이다.'

알렉산더 대왕은 디오게네스에게 소원을 물었어요. 세상에서 가장 부자이자 최고의 권력자인 대왕이었으니까 디오게네스에게 재산도 주고 권력도 줄 수 있었겠지요. 하지만 디오게네스는 이렇게 말했어요.

"지금 당신이 내 햇빛을 가리고 있으니 비켜 주시오."

디오게네스는 돈이나 권력이 없어도 행복하게 살 수 있는 자신이 있었던 것 같아요. 알렉산더 대왕은 그런 디오게네스에게 뭐라 말했을까요. 그는 이렇게 말했다고 합니다.

"내가 알렉산더가 되지 않았다면 디오게네스가 되었을 것이다."

왜 알렉산더는 디오게네스가 부러웠을까요? 아니 그보다 먼저 왜 디오게네스는 알렉산더 대왕을 부러워하지 않았을까요?

　우리는 잘 살기 위해서 돈을 많이 벌어야 하다고 생각합니다. 그래서 돈 많은 사람을 잘 사는 사람이라 하지요. 하지만 잘 살기 위해서 돈을 벌어야겠다고 생각하다 보면 나중에는 돈을 벌기 위해 자기 인생을 망치는 경우가 생기기도 하지요.

　자, 여기 또 하나의 이야기가 있어요.

그렇게 돈을 벌어서 뭐하게?

하인리히 뵐이라는 작가가 들려준 어느 어부 이야기입니다. 따뜻한 햇볕이 내리쬐던 어느 날 한 늙은 어부가 잠을 자고 있었습니다. 관광객이 바닷가를 거닐다 할아버지가 자는 모습을 보았어요. 해가 중천에 있는데도 계속 잠만 자는 할아버지가 이상해서 이렇게 물었답니다.

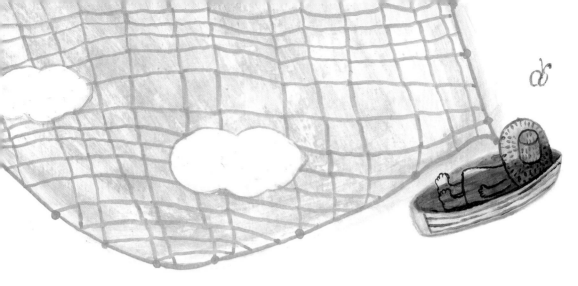

"할아버지, 고기잡이 안 나가세요? 해가 저렇게 높이 떴는데."

그러자 할아버지는 눈을 슬며시 뜨면서 말했지요.

"벌써 새벽에 한 번 다녀왔네."

관광객과 할아버지의 대화는 계속 이어졌습니다.

"그럼 또 한 번 다녀오셔도 되겠네요."

"그렇게 고기를 많이 잡아 뭐하게?"

"아, 그럼 저 낡은 배를 새 것으로 바꿀 수 있잖아요."

"그래서?"

"아, 그럼 새 배로 더 많은 물고기를 잡을 수 있고요."

"그러면?"

"그렇게 되면 더 큰 배를 사고 사람도 더 많이 고용할 수가 있지
요. 그럼 더 많은 돈을 벌 테고."

"그렇게 벌어서 뭐하라고?"

"그럼 공장도 세우고 또 더 많은 돈을 벌 수 있지요."

"옳지. 그러고 나면 뭘 하지?"

"아, 그렇게만 되면 할아버지는 더 이상 일하지 않아도 되고 편안하게 누워서 지내실 수 있지요."

"지금 내가 바로 그렇게 잘 지내고 있다네."

우리는 돈 벌어 잘 살겠다고 말하지만, 가만히 생각해 보면 돈 버느라 잘 살지 못할 때가 많아요. 행복하기 위해서 돈이 필요하다고 말하지만, 어떤 때는 돈을 벌기 위해서 행복을 포기할 때도 많지요. 뭔가 거꾸로 바뀐 것 같지 않아요?

● 하인리히 뵐(1917~1985)
1972년 노벨 문학상을 받은 독일 작가랍니다. 쾰른에서 태어났는데요, 그가 어렸을 때 독일은 나치가 다스리고 있었어요. 서점에서 심부름꾼 노릇을 했으니 책을 항상 가까이 할 수 있었겠죠? 대학에서 독문학을 공부했어요. 하지만 전쟁이 일어나자 징집되어 전투를 치렀고 결국에는 미군 포로로 잡혀 2년간 수용소 생활을 했어요. 그러고 나서 작가가 되었지요.

(`철학자 작은 사전(133쪽)`에서 이어집니다.)

디오게네스는 왜 통을 굴렸을까?

자, 다시 디오게네스에게 돌아가 볼게요. 디오게네스는 사람들이 '생각하며' 살길 바랐어요. 지금 우리가 하는 일, 우리가 하는 행동이 어떤 것인지 생각해 보길 바랐지요. 그래서 그는 참 이상한 행동을 많이 했어요. 사람들 앞에서 바지를 내리고 이상한 짓도 했지요. 사람들은 그의 행동이 '개 같다'고 '견유주의자'라고 불렀어요. 왜 그는 그런 이상한 행동을 했을까요? 무턱대고 남들 따라서 살 것이 아니라 지금 자신이 하는 행동에 대해서 생각을 좀 해 보라는 것 아닐까요.

디오게네스 이야기를 더 해 볼게요. 디오게네스가 코린트라는 도시에 있을 때입니다. 마케도니아의 필리포스 대왕이 쳐들어온다는 소식이 코린트에 전해졌습니다. 필리포스 대왕은 알렉산더 대왕의 아버지였지요. 코린트 시민 모두가 허둥지둥 난리가 났어요. 어떤 사람들은 무기를 만들고 어떤 사람들은 성벽을 쌓고 어떤 사람들은 요새를 정비했지요. 시민 모두가 도시를 지키고 적을 무찌르기 위해 최선의 노력을 다하고 있었습니다.

그런데 그동안 아무 일도 하지 않던 디오게네스가 누가 시킨 것도 아닌데 벌떡 일어나서는 통을 굴리기 시작했습니다. 땀을 뻘뻘 흘리면서 말이지요. 그러자 사람들이 물었습니다.

"선생님 도대체 뭘 하시는 겁니까?"

디오게네스가 답했지요.

"자네들이 뭔가를 열심히 하기에 나도 그렇게 보이도록 통을 열심히 굴리고 있네."

디오게네스는 도대체 무슨 짓을 한 것일까요? 바로 아무 의미도 없는 짓, 정말 쓸데없는 짓을 한 것입니다. 전쟁 준비를 하는데 뻘뻘 땀을 흘리며 통을 굴리다니요. 그럼 디오게네스는 왜 그런 쓸데없는 짓을 했을까요?

아마도 디오게네스는 평화를 지키기 위해 전쟁 준비를 하는 사람들의 행동이 자기가 통을 굴리는 것만큼이나 아무 의미도 없는 일임을 깨우치려 했던 것 같아요. 디오게네스는 사람들에게 이렇게 말하고 싶었을 겁니다.

"내가 왜 땀을 흘리며 통을 굴리느냐고? 자네들처럼 아무 의미도 없는 짓을 열심히 하기 위해서라네."

먹보들은 자기 배를 가득 채워야 음식에 대한 욕심이 사라진다고 믿는답니다. 그런데 그렇게 많이 먹으면 그 순간에는 음식 욕심이 사라지지만 다음 날에는 욕심이 더 커지게 되지요. 많이 먹어 늘어난 체중을 유지하기 위해 더 먹어야 하니까요.

전쟁에 혈안이 된 사람들은 적을 죽이면 평화가 올 거라고 말한답니다. 정말 적을 죽이면 평화가 올까요? 오히려 반대 일이 일어나기 쉽지요. 적을 죽이는 과정에서 새로운 적이 만들어지거든요. 원한이 원한을 낳는다는 말을 아세요?

예를 들어 2003년에 일어난 이라크 전쟁을 보세요. 미국은 테러리스트를 사라지게 하겠다고 전쟁을 했지요. 하지만 폭격으로 수많은 민간인들이 죽었어요. 자기 가족을 잃은 사람들, 자기 친구를 잃은 사람들, 그들이 새로운 적이 되지 않을까요? 미국이 후세인도 죽였고 이라크 군대도 물리쳤지만 이라크에 평화가 왔을까요? 아니지요. 지금도 수많은 사람들이 죽어 가고 있습니다. 미군도 죽고 이라크 사람들도 죽고요. 처음엔 전쟁을 해야 한다고 믿었던 많은 사람들이 이젠 왜 전쟁을 해야만 했는지 헷갈려 하고 있지요.

북한에서 개발하려는 핵폭탄은 어떤가요? 제2차 세계 대전이 끝날 무렵 미국은 일본에 핵폭탄을 터뜨렸어요. 이것을 본 어느 나라도 감히 미국에 도전할 생각을 할 수 없었을 겁니다.

하지만 핵폭탄은 과연 전쟁을 억제하고 평화를 가져왔을까요? 오히려 반대였지요. 제2차 대전이 끝나자마자 많은 나라가 앞 다투어 핵폭탄을 만들기 시작했어요. 이유는 한 가지였어요. 핵폭탄을 가져야 다른 나라가 함부로 침공하지 못할 것이고, 그래야 더 안전해진다고 믿은 거지요. 하지만 어떤가요? 한 나라가 핵폭탄을 가지면 모두가 가지려 할 것이고 결국에는 세계 전체가 위험에 빠지게 되지요.

도대체 왜 이런 일들이 벌어졌을까요? 더 안전하게 살고 싶고, 더 잘 살고 싶어서 그런 것인데, 왜 그 결과 더 불안하고 더 불행한 삶을 살게 되는 걸까요?

● 북한 핵무기 보유 문제

1945년 8월 히로시마에 투하된
핵폭탄이 폭발하고 있다.

핵폭탄이 터진 뒤 잔해만 남은 시내에 생존자가 서 있다.

북한 핵무기 보유 문제(이하 북핵 문제)는 여러분도 뉴스에서 많이 들었을 겁니다. 전 세계에서 핵무기 보유를 공식적으로 인정받은 나라는 많지 않습니다. 미국, 러시아, 중국, 프랑스, 영국 등 유엔 안전보장이사회의 상임이사국들이죠. 여기에 인도와 파키스탄이 비공식적이기는 하지만 인정받고 있고, 이스라엘에도 핵무기가 있다는 게 중론입니다. 최근에 북한이 완전히 검증된 것은 아니지만 핵무기 보유를 선언했지요.

북핵 문제가 불거진 것은 1993년이었는데요. 미국이 북한의 핵무기 개발 의혹을 제기했고 북한이 국제핵확산금지조약을 탈퇴하면서 정말 전쟁 직전까지 갔어요. 다행히 제네바에서 북한과 미국이 합의를 하면서 위기가 해소되었지요. 미국은 북한에 에너지를 제공하고 북한은 핵 개발을 하지 않는 것으로 결정이 났어요. 하지만 북한이 핵 개발을 한다고 의심하는 미국은 약속한 에너지 자원 공급을 중단해 버렸죠. 이에 대응해서 북한은 핵 개발을 다시 공식화

핵무기 개발과 확산을 반대하는 사람들이 행위극을 하고 있다.

했고요. 갈등이 또 고조되자 남한과 북한, 중국, 미국, 러시아, 일본 6개국이 핵 문제 해결을
위한 회담을 열고 또 한 번의 합의를 이루었죠. 하지만 합의를 실천하는 과정을 둘러싸고 서
로 다툼이 있었고, 결국 북한이 최근 핵무기 보유를 선언하는 데까지 이른 거죠.

그런데 북한의 핵 개발 시도는 아주 오래된 것이랍니다. 지금 문제가 된 영변의 핵 시설도
이미 1962년에 만들어진 거예요. 북한만이 아니었어요. 제2차 대전 때 미국의 핵무기를 본 여
러 나라들이 경쟁적으로 핵무기 개발에 뛰어들었으니까요. 남한 정부도 예외가 아니었고요.
하지만 미국과 소련 두 강대국이 영향력을 행사해서 핵무기 개발을 막았어요. 이제 이것이 불
가능해진 것이지요. 핵무기를 가진 강대국의 횡포가 심한 건 사실이에요. 하지만 스스로의 안
전을 지키겠다며 핵을 개발하는 건 자신을 더 큰 위험에 빠뜨리는 일이에요. 한반도는 물론이
고 지구상 어디에서도 핵무기는 안 된다고 말해야 할 것 같아요.

생각하는 기술, 철학

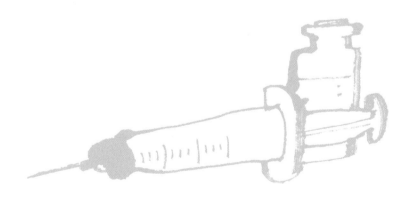

철학은 삶을 만들고 가꾸어요

이제 철학이 필요한 이유를 아시겠어요? 세상 모든 사람들은 잘 살기 위해서 정말 최선을 다한답니다. 그런데 그 잘 살아보겠다고 벌인 일이 오히려 자기 삶을 망칠 수도 있음을 함께 살펴보았잖아요. 잘 사는 데도 기술이 필요해요. 바로 그 기술이 철학이지요.

철학은 여러 기술 중에서도 특히 '생각하는' 기술이라고 할 수 있습니다. 철학자들은 우리에게 '생각 좀 하라.'고 말하는 것 같습니다. 여기서 '생각한다'는 말은 '지혜롭다'는 걸 의미해요. 즉 철학자들이 '잘 산다'고 말하는 것은 '지혜롭게 산다'는 뜻입니다.

철학을 영어로는 '필로소피'라고 하는데요, 그리스어에서 온 말이랍니다. 사랑이나 우정을 뜻하는 '필리아'와 지혜를 뜻하는 '소포스'가 합쳐졌지요. 따라서 철학자란 지혜를 사랑하는 사람, 지혜와 친구가 되는 사람이라고 할 수 있어요.

사실 사람들은 저마다 살아가기 위한 독특한 기술을 가지고 있어요. 어떤 사람은 전기 장치를 잘 고치고요, 어떤 사람은 집을 짓는 데 선수지요. 어떤 사람은 공을 잘 차고요, 어떤 사람은 헤엄을 잘 쳐요.

혹시 기술자라는 말을 들으면 전기 기술자나 기계 기술자가 떠오르세요? 하지만 기술은 그런 것만 있는 게 아니에요. 예를 들어 저희 어머니는 뭔가를 길러 내는 기술이 대단해요. 죽어 가는 식물이든 병든 동물이든 어머니 손을 거치면 건강하게 되살아나지요. 농부들은 생명을 가꾸고 기르는 대단한 기술자들이랍니다. 사실은 예술가들도 대단한 기술자들이에요. 조각가들의 손을 거치면 진흙덩어리는 어느새 아름다운 조각품이 되지요. 피아노 건반을 두드리는 연주자를 보세요. 그의 연주를 들으면 우리 맘속엔 기쁨과 슬픔, 온갖 기분들이 춤을 추지요. 정말 대단한 기술들입니다.

보통 우리는 기술자와 예술가를 나누려고 해요. 왠지 기술자는 기계적인 일을 하는 사람 같고, 예술가는 특이하고 독창적인 일을 하는 사람 같지요? 하지만 옛날 사람들은 그런 구분을 하지 않았어요. 무언가를 만들어 내고 가꾸는 일 모두를 그냥 기술이라고 불렀어요.

철학도 일종의 만들고 가꾸는 기술이랍니다. 그런데 철학은 컴퓨터도 아니고 피아노도 아니고 꽃도 아니고, 바로 우리 삶 자체를 만들고 가꾸는 기술이지요. 우리가 우리 자신을 조각한다고 할까요. 그런 점에서 철학은 한편으로 살아가는 누구나 익힐 수 있는 일반적 기술이랍니다. 하지만 다른 한편으로 어떤 예술 작품 못지않게 자기 삶을 아름답게 창조하는 특별한 기술이기도 하지요.

초보 인라인스케이터의 추억

철학을 일종의 기술이라고 말하고 나니 정말 끔찍한 기억이 하나 떠오르네요. 초보 시절 인라인스케이트를 타다가 죽을 뻔한 적이 있었거든요. 한 5년 전쯤이었을 거예요. 길거리에서 인라인스케이트를 타는 사람들이 너무 부러워 배워야겠다고 다짐했어요. 친구 두 명과 의기투합해서 함께 타기로 했지요. 우리 모두 서른 살이 훌쩍 넘은 나이었지만 인라인스케이트를 탄다는 생각에 아이늘처럼 모두가 기뻐했지요.

처음엔 인라인스케이트를 가지고 학교 건물 뒤편 으슥한 곳으로 갔어요. 다른 사람들이 놀려 댈까 봐 숨어서 연습하려고요. 지금 생각해 보면 처음부터 잘 타는 사람에게 배워야 했는데, 그때는 그게 왜 그렇게 창피했는지 몰라요. 인라인스케이트를 신자마자 정말 많이 넘어졌어요. 그래도 재밌었습니다. 매일 조금씩 연습했더니 잘 타지는 못했지만 넘어지지 않을 정도는 되었지요. 엉금엉금 기우뚱 기우뚱 하면서도 조금씩 나아갈 수 있게 되었어요.

그러던 어느 날 한 친구가 한강 시민 공원에 가자고 했어요. 거기에 자전거나 인라인스케이트를 타는 길이 있다는 거예요. 거기서 타면 우리 기술이 많이 늘 거라고 말했지요. 우리는 용기를 내서 한강에 갔어요. 정말 멋진 길이 있었지요. 우리는 당장 거기서 인라인스케이트를 타기 시작했어요. 다른 사람들이 보면 엉금엉금 가는 것인데, 제 생각에는 왜 그리 빨리 나가는지 다리가 후들후들 떨렸어요.

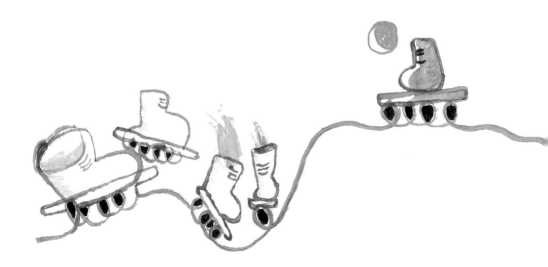

친구들이 앞서 가고 제가 제일 뒤처져 갔지요. 그런데 아마 한남대교 근처였을 겁니다. 제 앞에 작은 돌멩이 하나가 있었는데 거기에 제 인라인스케이트 바퀴가 슬쩍 닿았어요. 그러자 기우뚱하더니 순간 몸이 붕 떠올랐어요. 그러고는 무언가에 쿵하고 부딪쳤지요. 한동안 정신을 잃었어요. 안전모도 쓰지 않았거든요.

나중에 정신을 차려 보니 얼굴이 너무 부어서 앞도 잘 안 보이고 머리에서는 피가 많이 흘렀어요. 친구들 말로는 다리 보수를 위해 쌓아 놓은 공사용 철재 밑에서 제가 귀신처럼 피를 흘리며 기어 나왔다고 하더군요. 만약 그 공사용 철재가 없었다면 저는 한강에 빠

졌을 겁니다. 수영도 전혀 못하는데 인라인스케이트까지 신었으니, 만약 강에 빠졌다면 지금쯤 저는 저세상에서 여러분을 보고 있겠지요? 불행인지 다행인지 강에 빠지지는 않았고 머리만 찢어졌어요. 친구들이 부축을 해 줘서 병원에 가 치료하고 집에 왔지요.

처음 인라인스케이트를 배울 때는 누구나 넘어지기도 하고 작은 사고를 당하기도 하지요. 누구나 그렇게 시작해서 기술을 익힌답니다. 기술을 많이 익힐수록 넘어지는 일이 줄어들어요.

그런데 기술이 어느 수준을 넘어서면 넘어지지 않는 것은 일도 아니에요. 그때부터는 인라인스케이트 자체를 즐기게 되지요. 오히려 위험해 보이는 놀이에도 도전을 해요. 고수들은 그런 새로운 시도를 즐긴답니다.

저는 사고를 겪은 후 인라인스케이트 타기를 그만두었지만, 저처럼 뒤뚱거리고 자주 넘어지던 친구들은 이제 고수들이 되었답니다. 유명 선수들처럼 멋지게 발을 교차하며 뒤로 달릴 수도 있고, 심지어 계단을 타고 내려오기도 해요. 인라인스케이트를 타고 학교에도 다니고, 친구들과 동아리를 만들어 새로운 기술도 연마하기도 한답니다.

철학도 마찬가지가 아닐까 싶어요. 철학이라는 기술을 익히면 삶을 망치는 위험한 짓이나 바보짓을 많이 줄일 수 있지요. 그런데 더 나아가면 삶 자체를 즐겨요. 다소 위험이 따르는 모험에 뛰어들기도 하고요. 남들이 불가능하다고 믿는 일에 도전도 하고, 남들이 편견에 빠져 손가락질하는 일도 열린 눈으로 살펴볼 용기를 갖지요.

철학은 이처럼 우리 삶에서 바보짓을 줄여 주면서 동시에 우리 삶을 즐거운 놀이이자 긴장감 넘치는 모험으로 만들어 주지요. 또 훌륭한 사람들이 보여 주듯, 삶을 아름다운 예술 작품으로 만들어 주기도 하고요.

철학은 여러분이 능력자임을 깨닫게 해 줘요

머리에 붕대를 감고 온 저를 보고 아내가 말했답니다. 당신도 이젠 몸이 옛날 같지 않다는 걸 좀 알라고요. 자기 능력도 모른 채 무슨 일이든 무모하게 뛰어드는 일은 이제 그만하라고 그랬죠. 남편이 철부지처럼 바깥에 나가서 놀다가 머리가 터져서 왔으니 속이 상하고 걱정도 되고 그랬겠죠.

제 아내의 말처럼 자기 능력을 아는 것은 중요해요. 아무리 지혜롭게 살겠다고 다짐을 해도, 자기가 할 수 있는 것과 할 수 없는 것, 자기에게 이로운 것과 해로운 것을 혼동한다면, 삶을 잘 가꿀 수가 없겠지요. 만약 제가 제 몸의 능력을 알았다면, 속도를 줄이는 방법도 배우지 않고 안전모도 쓰지 않은 채 경사로에서 인라인스케이트를 타지는 않았을 겁니다. 지혜롭지 못했어요.

철학을 하는 첫걸음은 자신의 능력을 아는 겁니다. '너 자신을 알라.'는 소크라테스의 말처럼 우리는 스스로에 대해서 알 필요가 있습니다. 하지만 저는 소크라테스의 말을 처음 들었을 때 기분이 좋지 않았어요. 마치 '네 분수를 지켜라.'는 식으로 들렸거든요.

"네가 감히 그걸 하겠다고? 주제 파악이나 하시지."

이렇게 빈정대는 사람을 만나면 정말 약 오르고 화가 나요. 그럼 제 나이의 아저씨들은 인라인스케이트를 타지 말아야 하나요?

제가 철학의 첫걸음이 우리 자신의 능력을 아는 데 있다고 말한 건 좀 다른 뜻에서입니다. 저처럼 수영도 못하는 사람이 시원한 바닷물이라고 냅다 뛰어드는 건 무모한 행동입니다. 정말 어리석은 짓이겠죠. 하지만 그렇다고 제가 수영을 배울 능력이 없다고 말하는 건 아니에요. 오히려 지레짐작으로 "난 수영을 할 수 없어. 이 몸에 그런 건 불가능해."라고 말할 때, 그때야말로 우리는 자기 능력을 모르는 것일 수 있습니다.

질 들뢰즈라는 철학자는 이런 말을 했답니다.

"나는 무엇을 할 수 있는가? 이 말은 자기 능력에 대한 일종의 시험입니다. 당신 능력을 시험해 보라는 말입니다. 많은 사람들이 이렇게 말하곤 합니다. '난 그걸 해내지 못할 거야.' 혹은 '그건 너무 창피한 일이야. 난 할 수 없어.' 그러면서 자신이 할 수도 있었을 일들을 포기해 버립니다. '난 할 수 없었을 거야.' 이렇게 말하는 건 너무 쉬운 일입니다. 불행히도 많은 사람들이 자신이 무엇을 할 수 있었는지도 모른 채 죽습니다."

난 아직 어리니까, 난 여자니까, 난 아저씨니까, 난 노인이니까, 난 가난하니까, 난 몸이 약하니까…… 이런 식으로 우리는 너무 빨리 무언가를 포기해 버립니다. 그리고 우리가 해낼 수도 있었을 많은 일들을 내버려 둔 채 삶을 마감합니다. 슬픈 일이지요. 하지만 우리 자신이 무엇을 할 수 있는지를 미리 알 수는 없습니다. 우리가 할 수 있는 한 그 끝까지 나아가 보는 수밖에요. 우리 능력을 시험하는 것이지요. 물론 신중하게요.

삶을 가꾼다는 것은 어쩌면 우리가 알지 못한 우리의 능력들을 마음껏 펼치는 일인지도 모르겠습니다. 철학은 그런 능력을 펼치는 기

● 질 들뢰즈(1925~1995)
20세기 후반 프랑스 철학자 중 아주 유명한 사람이죠. 한국에서도 최근 젊은 철학자나 문학가, 예술가들이 들뢰즈를 연구하고 있답니다. 그는 다른 철학자들에 대한 연구서를 많이 냈어요. 흄, 니체, 스피노자, 칸트, 라이프니츠, 베르그손 등에 대한 중요한 책들이 있죠. 그런데 그 해석이 너무 독특해요. 들뢰즈는 자기 책을 '사생아'에 비유했는데요. 아버지가 없는 아이라는 뜻이죠.

「철학자 직접 사진(131쪽)」에서 이어집니다.

술이라고 할 수도 있겠어요. 용감하면서 현명하게, 할 수 없다고 믿었던 일들을 해내는 겁니다. 그러면 우리는 이렇게 말하겠죠.

"우와, 내가 이걸 해낼 거라고는 생각지도 못했어요."

철학을 한다는 것은 이처럼 우리 자신이 대단한 능력자들임을 깨닫는 일이지요.

그러고 보니 저도 인라인스케이트를 너무 빨리 포기했나 봐요. 이제 다시 도전할 용기가 생기는데요. 이젠 더 잘할 수 있을 것 같아요. 어떻게 해야 하는지 알겠어요. 여러분은 어떠세요. 용기와 함께 안전모 잊지 말아야겠죠?

철학을 하면 의젓해져요

철학은 우리가 모두 능력자임을 깨닫게 해 준다고 했는데요. 『원피스』라는 일본 만화책 보셨어요? 거기 대단한 능력자들이 나오더군요. 주인공은 '고무고무' 열매를 먹은 뒤 온몸이 마구 늘어나는 능력자가 되었고요. '싹둑싹둑' 열매를 먹은 사람은 세상의 모든 것을 잘라 낼 수가 있는 능력자가 되었고, '흔들흔들' 열매를 먹은 사람은 지진을 일으키는 능력자 되었지요. 물론 능력자 열매를 먹었다고 해서 모두 큰 능력을 갖는 건 아니고, 자신이 얼마나 그 숨겨진 능력을 개발했느냐에 따라서 그 힘이 달라지지요. 열매 능력을 알기 위해서는 역시 열심히 노력하고 끊임없이 시도하는 수밖에 없어요.

자, 그럼 철학을 하면 우리도 『원피스』의 주인공처럼 어떤 초능력을 갖게 될까요? 어떤 큰 깨달음을 얻은 사람을 우리는 '도통했다'고 하는데요. 도통하면 정말 하늘을 날고 불사신이 되고 그럴까요?

만약 그런 거라면 철학보다는 공학이나 의학을 공부하는 편이 나을 것 같아요. 철학을 한다고 몸이 뜨거나 강철 신체가 되거나 하지는 않거든요. 심지어 철학을 해도 감기에 걸리고 운이 나쁘면 교통사고를 당하기도 해요. 그럼 도대체 철학은 우리에게 어떤 힘을 길러 주는 거죠?

여기서 제 이야기를 하나 해 드릴게요. 초등학교 3학년 때 보이스카우트 캠프에 그렇게 가고 싶었어요. 하지만 어머니는 허락하지 않으셨지요. 가난한 농사꾼이었기에 거기에 내는 돈도 부담됐고 꼭 제가 거기에 가야 한다고 생각지도 않으셨거든요.

저는 울며 어머니를 조르다가 그냥 길바닥에 주저앉았어요. 그러고는 데굴데굴 굴렀지요. 지나가는 사람들 보라는 듯 길바닥을 이리저리 구르면서 울었어요. 어머니를 창피하게 만들어야겠다고 생각했나 봐요. 당연히 옷도 많이 더럽혔고요. 그렇게 하면 어머니가 힘들어서 제 말을 들어주실 것 같았어요. 하지만 지금 돌이켜 보면 결국 저는 제 옷만 더럽혔고 사랑하는 어머니만 힘들게 한 셈이지요. 바로 제 스스로 제 삶을 망치는 바보짓을 한 셈이에요.

혹시 여러분에게 어린 동생이 있나요? 지금 제게는 어린 딸이 있답니다. 그 아이는 작은 장난감이나 사탕 한 개만 빼앗겨도 세상을 다 잃어버린 듯이 슬퍼하지요. 아마 그 아이에게는 그것이 세상의 전부처럼 느껴질 테니까요. 하지만 여러분은 어떠세요? 그런 작은 것에 연연하지는 않겠지요?

제가 어린아이와 장난감을 예로 들었지만, 사실은 어른이 되어도 마찬가지랍니다. 어른들도 작은 일에 허둥지둥하고 조그만 두려움에나 슬픔에도 세상을 다 잃어버린 것처럼 행동하거든요. 철학을 하면 성숙해진다는 말을 하는데요. 어떤 슬픈 일이 일어나도 조금 더 여유가 있고 의젓하게 행동할 수 있어요. 일을 감당할 수가 있는 거죠.

심지어 어떤 때는 고통까지도 내게 힘이 되게 만들 수도 있어요. 여러분 병원에서 예방 주사를 맞은 적 있을 거예요. 위험성을 줄인 소량의 병균 백신을 몸에 주입하는 거예요. 왜 병균을 집어넣을까요? 그렇게 하면 병에 저항하는 면역력이 우리 몸에 생기거든요. 우리 몸을 건강하게 만들기 위해 병균을 활용하는 셈이죠. 이처럼 철학은 자신에게 일어난 슬픈 일도, 자신을 더 건강하고 성숙하게 만드는 계기로 삼을 수 있게 해 주죠.

슬픈 일을 의젓하게 대하고, 힘든 일도 몸에 좋은 보약으로 만들 수 있다면, 철학자의 지혜란 정말 대단한 능력 아닌가요?

생각 없이도 살 수는 있어요

인간이 생각하는 동물일까?

인류학자나 생물학자들은 인간을 '호모 사피엔스(Homo Sapiens)'라고 부른답니다. 아주 오래 전에 살았던 인류와 구분하여 현대 인류를 지칭할 때는 '호모 사피엔스 사피엔스'라고 부르기도 하고요. 호모 사피엔스라는 말은 '생각하는 인간', '지혜로운 인간'이라는 뜻이랍니다. 본래 '사피엔스'라는 말은 '맛을 본다'는 뜻인데, 언제부턴가 '생각한다'는 뜻으로 바뀌었어요. 호모 사피엔스를 우리말로는 '슬기 인간'이라고 옮긴답니다. 인간은 슬기로운 존재라는 뜻이지요.

제가 철학을 '생각하며 살아가는 기술', '지혜롭게 살아가는 기술'이라고 했는데요. 그렇게 보면 호모 사피엔스라는 말을 '철학하는 인간'으로 불러도 손색이 없을 것 같아요. 철학을 한다는 것은 지혜롭게 살아가는 것이니, 인간이라면 누구나 철학을 할 수 있겠어요.

하지만 어떤가요. 우리 인간들, 우리 호모 사피엔스들은 정말 생각하면서 지혜롭게 살고 있습니까? 만약 우리 모두가 생각하면서 지혜롭게 살고 있다면 디오게네스가 통을 굴리고 다닐 필요가 없었겠지요. 우리는 스스로를 생각하는 인간이라고 부르지만, 실제로는 별 '생각 없이' 사는 일이 많아요. 그럼 이제부터 생각 없이 사는 것이 얼마나 위험한지 말해 볼게요.

생각이 없으면 악마가 될 수도 있어요

한나 아렌트라는 철학자가 있었어요. 그는 '악의 평범성'이라는 말을 했는데요. 쉽게 말하면 아주 평범한 사람도 악마가 될 수 있다는 말입니다. 아렌트는 무슨 근거로 이 말을 했을까요?

그는 '아이히만'이라는 독일 관료에 대한 재판을 보게 되었어요. 아이히만은 히틀러 시대에 일어난 수백만 명의 유대인 학살에 관여한 사람이었지요. 유대인들은 그를 잔인한 살인마라고 욕했어요. 전쟁이 끝나자 그는 아르헨티나로 도망을 쳤어요. 하지만 1960년에 체포되어 이스라엘의 한 법원에서 재판을 받았지요.

수많은 사람이 이 재판에 관심을 가졌습니다. 아렌트는 미국 잡지 「뉴요커」의 부탁을 받고 이 재판을 취재했어요. 악마라고 불리던 아이히만은 과연 어떤 사람이었을까요? 아렌트는 깜짝 놀랐답니다.

아이히만이 너무나도 평범했기 때문입니다. 그는 체격도 크지 않았고 머리가 희끗희끗한 평범한 아저씨였습니다. 당연히 머리에 뿔이 난 것도 아니고 송곳니가 기다랗지도 않았지요. 정신과 의사들은 그를 지극히 '정상'이라고 판정했습니다. 어떤 의사는 이런 말도 했지요.

"그는 적어도 그를 진찰한 후의 내 상태보다 더 정상이다."

더 놀라운 사실은 그가 유대인을 미워하지 않았다는 것입니다. 그는 이렇게 말했습니다.

"내 친구들 중에도 유대인을 미워한 사람은 많지 않았다."

그는 자신이 유대인을 미워해야 할 이유가 하나도 없었다고 말합니다. 오히려 자기 생계를 도와준 유대인들을 고맙게 여기기까지 했답니다.

그렇다면 그는 왜 끔찍한 유대인 학살에 관여한 것일까요? 그는 "단지 명령받은 일을 성실히 했을 뿐"이라고 말합니다. 그런데 그가 성실히 해낸 일이란 게 무엇이었을까요? 그것은 잔인하게도 수백만 명의 사람들을 죽게 만든 일이었습니다. 아렌트는 이 일을 이렇게 설명했습니다.

"그는 아주 부지런히 일했을 뿐이다. 그리고 우리는 그런 부지런함을 탓할 수 없다. 문제는 그가 자신이 무엇을 하고 있는지를 깨닫지 못했다는 데 있다."

즉 아이히만은 너무 성실한 공무원이었기에 악마가 되었는지 모릅니다. 무슨 말이냐고요? 그는 자기에게 주어진 일, 즉 유대인들을 죽음의 장소로 이동시키라는 윗사람의 명령을 너무 성실하게 따랐던 것입니다. 어찌 보면 그는 아주 유능한 사람이었습니다. 자신에게 주어진 일을 성공적으로 해냈으니까요. 그럼 무엇이 문제였을까요? 아렌트는 이렇게 말합니다.

"그가 엄청난 범죄를 저지른 것은 아무 생각이 없었기 때문이다."

아이히만의 경우를 보면, 악마란 악한 생각을 하는 사람이 아니라 '생각하지 않는' 사람이라고 할 수 있습니다. 아이히만은 자신이 무슨 짓을 하고 있는지 따져 보지 않았던 거예요. 그냥 주어진 일을 기계처럼 무조건 했던 것이죠. 생각이 없으면 우리도 언제든 악마가 될 수 있는 겁니다.

● 한나 아렌트(1906~1975)

독일 하노버에서 태어나 칸트가 살던 쾨니히스베르크에서 청소년기를 보내고, 대학에서는 하이데거와 야스퍼스로부터 철학을 공부했습니다. 하지만 독일에서 나치즘이 득세하면서 유대인이던 그녀는 부당한 일을 많이 당했지요. 박사 학위를 받았지만 유대인이라는 이유로 교수 자격을 획득할 수가 없었고, 유대인 활동가들을 도왔다는 이유로 독일 비밀경찰에 끌려가 조사를 받기도 했어요.

('철학자 작은 사전(131쪽)'에서 이어집니다.)

불과 몇 년 전에도 비슷한 일이 있었어요. 혹시 아부그라이브 형무소에 대해 들어 보셨나요? 미국이 '테러와의 전쟁'을 수행하면서, 아프가니스탄이나 이라크에서 붙잡은 포로나 테러리스트 용의자들을 가두어 둔 곳이랍니다. 거기서 아주 끔찍한 일이 일어났는데요. 포로들을 아주 잔인하게 고문했어요. 포로들을 개가 물어뜯게도 하고 발가벗긴 채로 인간 피라미드를 쌓게도 했어요. 이슬람교를 믿는 포로들에게는 죽음보다 견디기 힘든 고문이었어요.

그런데 아부그라이브 형무소에서 사진이 나왔는데, 많은 사람이 그 사진들을 보고 분노했습니다. 사진에 나오는 미군들은 이라크 포로들을 개 줄로 묶어 끌기도 하고, 포로들의 옷을 발가벗긴 채 사나운 개 앞에 데려다 놓기도 했어요. 발가벗긴 포로들을 장작더미처럼 쌓아 올린 모습을 찍은 사진도 있었지요. 이 일로 나중에 열한 명의 미군이 유죄 선고를 받았답니다. 그런데 당시 한 젊은 여자 군인이 발가벗은 이라크 포로 앞에서 엄지손가락을 치켜들며 웃고 있는 사진이 있었는데 그 모습이 많은 사람들에게 충격을 주었지요.

그 군인은 왜 그런 악마 같은 자세를 했을까요? 사진 속에서는 영락없는 악마였지만 실제로는 아주 성실하고 공부도 열심히 했던 착한 소녀였다고 합니다. 그는 버지니아 주의 시골 마을에서 고등학교를 아주 우수한 성적으로 졸업했지요. 집이 너무 가난했기 때문에 대학 등록금을 스스로 벌어야 했어요. 그래서 월마트에서 일도 하고 군대에도 입대했어요. 월마트에서 일할 때는 무척 성실하고 동료들과 잘 지냈기 때문에 '자랑스러운 직원'에 뽑히기도 했답니다. 이렇게 성실하고 훌륭했던 소녀가 왜 그런 행동을 하게 되었을까요?

마이클 무어 감독이 이라크 전쟁을 취재해서 만든 「화씨 911」이라는 다큐멘터리가 있는데요. 거기에 어떤 답이 들어 있는 것 같아요. 무어 감독이 살펴보니 병사들의 철모 안에서 시끄러운 음악이 흘러나오고 있었어요.

'불 질러 버려, 모두 죽여 버려'라는 내용의 노래였지요. 병사들은 그 음악을 들으며 맡은 일을 하고 있었답니다. 그 시끄러운 소리 때문에 병사들은 아무런 생각을 할 수 없었어요. 그들은 단지 상급자의 손짓만을 따라서 움직였어요. 그들은 생각을 하지 않았어요. 생각을 한다면 그런 잔인한 행동을 하기가 쉽지 않겠지요.

일사불란한 명령을 중시하는 군대에서는 사실 병사들이 '생각하는 것'을 그다지 좋아하지 않는답니다. 특히 전쟁 중에는 더 그렇고요. 아마 그 젊은 여자 군인도 마찬가지였을 겁니다. 스스로 생각할 수 없는 환경에서 오랫동안 지냈겠지요. 고향에서는 아주 훌륭한 시민이었겠지만, 전쟁터에서는 더 이상 그렇게 될 수 없었어요. 아무리 착한 사람이라도 '생각할 수 없는' 곳에서 오래 지내다 보면 언제든 그렇게 끔찍한 일을 저지를 수 있답니다.

습관으로 살아갈 수는 있어요

우리는 항상 생각하며 사는 것 같지만 실제로는 그렇지 않아요. 보통의 경우엔 별 생각 없이 살지요. 제 경험을 말해 볼게요.

순천에 있는 한 도서관에서 열린 어린이 독서 캠프에 초대를 받은 적이 있어요. 서울에서 순천에 가려면 용산역에서 기차를 타야 한답니다. 용산역 승강장에서 기차를 기다리다 깜짝 놀랐답니다. 제가 기다리는 기차가 건너편 승강장으로 들어오고 있는 거예요. 표지판을 확인해 보니 제가 서 있던 곳은 호남선 열차를 타는 곳이 아니라 동인천행 급행열차를 타는 곳이었습니다.

왜 그랬을까요? 사실 저는 그즈음 2년간 동인천에서 살았답니다. 동인천에서 서울까지 매일 출퇴근을 했지요. 그래서 별 생각 없이 동인천행 열차의 승강장으로 걸어온 것입니다. 참 신기하죠? 만약 외국인이었다면 용산역에서 동인천행 승강장 찾기가 그렇게 쉽지 않았을 겁니다. 용산역이 조금 복잡하거든요. 외국인이나 시골 사람이라면 정신을 바짝 차려도 찾기 어려운 길을 저는 아무런 생각도 없이 쉽게 찾았으니 정말 대단하지요?

여러분도 비슷한 경험이 있을 겁니다. 딴 생각을 하거나 아무 생각도 하지 않았는데 집에 도착해 버린 일 없으세요? 생물학자들에 따르면 우리 몸은 습관적 행위를 의식의 도움 없이 자동으로 수행할 수 있는 시스템을 갖추고 있답니다. 그 덕분에 의식에 소요되는 에너지를 크게 절약하지요.

　사실 좀 더 심한 경우도 있었답니다. 몇 년 전인가 제가 술을 아주 많이 마신 적이 있어요. 술 마시는 어른들이 하는 말로 '필름이 끊어질 정도'로 마셨지요. 영화처럼 기억을 되살릴 때 술 마신 후의 자기 행동이 도무지 생각나지 않는다는 뜻이에요.

　아마 저와 함께 술을 마신 사람 중 하나가 저를 택시에 태워 보냈나 봐요. 그런데 제가 워낙 술에 취해서 정신을 못 차리니까 운전기사 아저씨가 저희 집 근처 어딘가에 내려놓고 가 버리셨어요. 잠깐 정신이 들었을 때 제가 사는 동네의 구청 건물이 보이더라고요. 그리고 또 정신을 잃었지요.

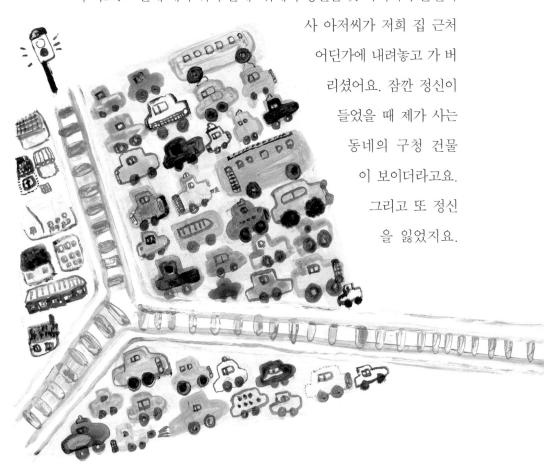

그런데 아침에 일어나 보니 이불을 덮고 자고 있더군요. 저 혼자 쓰는 방에서요.

아무리 애써도 전날 밤에 무슨 일이 있었는지 도통 기억나질 않았어요. 더 놀라운 것은 제 안경이 없었다는 사실이에요. 저는 대낮에 정신이 맑을 때에도 안경이 없으면 길을 걷지를 못한답니다. 그런데 술에 취해서 안경도 없이, 횡단보도를 몇 개나 건너면서 복잡한 골목길을 지나 집에 무사히 찾아온 겁니다. 정말 아찔한 사건이었지요. 술 좋아하는 아빠가 있으면 물어보세요. 정말 그런 일들이 일어난답니다.

우리는 별 생각 없이도 살 수가 있는 모양이에요. 그냥 습관대로 살면 대강 살 수는 있는 것 같아요.

김유신 장군은 습관을 베었어요

술 이야기가 나왔으니 말인데 김유신 장군 이야기
아세요? 김유신 장군이 젊을 때 술집에
자주 갔대요. 그러다가 어머니에게 크게

꾸지람을 들었답니다. 그렇게 술만 먹고 다니다 커서 뭐가 될지 걱정을 하셨겠지요. 김유신은 어머니의 꾸지람을 듣고 다시는 술집에 가지 않겠다고 다짐을 했답니다.

그런데 어느 날 말을 타고 집에 오는 길에 잠시 공상에 빠졌던 것 같아요. 정신을 차려 보니 술집 앞에 있는 것 아니겠어요? 어찌된 일일까요? 김유신을 태운 말이 보통 때처럼 그 술집 앞에 멈추어 선 것이지요. 항상 김유신을 태우고 술집에 왔던 터라 그 말로서는 당연한 일을 한 것이지요. 김유신은 그 자리에서 말의 목을 베어 버렸답니다.

김유신이 말의 목을 벤 것은 무슨 뜻일까요? 여기서 말은 무엇을 상징할까요? 아마도 김유신의 습관일 것입니다. 제가 술에 취해서 안경 없이도 집을 찾아온 것처럼, 김유신의 말도 습관이 들어 그냥 술집 앞에 멈춘 겁니다. 말의 목을 베었다는 것은 사실 김유신 자신이 과거 자신의 습관을 벤 것과 같습니다.

우리는 생각하지 않을 때 습관의 지배를 받습니다. 김유신은 이제 다르게 살겠다고 결심을 했기 때문에, 과거의 습관을 칼로 잘라 낸 것이지요.

● 테러와의 전쟁과 이라크 전쟁

2003년 3월 미국은 바그다드를 폭격하며 이라크 전쟁을 시작했다.

2001년 9월 11일, 이슬람 무장테러단체 소속 테러리스트들이 미국 여객기 4대를 공중 납치해서 뉴욕의 세계무역센터와 워싱턴의 국방부 건물을 공격했지요. 세계무역센터가 무너져 내렸고 약 3천 명의 미국인들이 목숨을 잃었습니다. 미국 본토가 직접 공격을 받은 것은 하와이 진주만이 공습을 받은 제2차 대전 이후 없었던 일입니다. 1991년 소련이 몰락하고 미국은 세계 유일의 초강대국 자리를 차지하게 되었는데도, 미국 본토 한복판이 공격을 받은 셈입니다.

미국은 곧바로 '테러와의 전쟁'을 선포하고 본격적인 보복 전쟁을 감행했죠. 미국은 테러리스트를 숨기고 후원하고 있다는 혐의로 아프가니스탄을 침공했습니다. 그리고 2003년 3월에는 대량살상무기 개발 의혹이 있다며 이라크를 침공했지요. 결국에 그 의혹은 거짓으로 판명되었지만 어떻든 전쟁은 필요했다고 미국 정부는 말하고 있지요. 전쟁 결과는 일방적이었

2009년 12월 바그다드 주변의 미군 부대가 철수를 준비하고 있다.

습니다. 첨단 무기로 무장한 미군을 이길 나라는 없으니까요. 수십만 명이 죽었고 아프가니스탄과 이라크에는 미국이 후원하는 새로운 정부가 들어섰지요.

하지만 전쟁은 끝났는데도 미군이 나올 수 없는 상황이 생겨났어요. 이라크와 아프가니스탄 곳곳에서 테러가 일어났고 지금도 일어나고 있어요. 또 일부 지역은 반미 세력들이 점령했어요. 미군 사상자도 많이 늘어났고요. 미국의 기대는 성공하기 쉽지 않아 보여요. 게다가 두나라 문제를 해결한다고 테러리즘 문제가 해결되는 것도 아니죠. 테러리스트는 어디서든 생겨날 수 있으니까요. 심지어 미국인 중에서도 미국을 공격하려는 테러리스트가 생겨날 수 있어요. 과연 더 많은 권력과 첨단의 감시망으로 테러리즘을 막을 수 있을까요? 아니면 다른 어떤 길이 있을까요? 생각해 볼 문제입니다.

생각이 일어나면
다른 내가 되어요

생각한다는 것은 다르게 생각하는 것

철학하며 산다는 것은 생각하며 사는 것입니다. 생각하며 산다는 것은 당연히 생각 없이 사는 것과 반대이지요. 솔직히 우리는 생각 없이 살 때도 많습니다. 그렇다고 우리에게 영혼이 없다거나 의식이 없다는 건 아닙니다. 사람들이 악마라고 욕했던 아이히만이나 아부 그라이브 수용소의 그 군인들도 의식이 없지 않았습니다. 오히려 그들은 자기 일에 정신을 집중해서 성공적으로 임무를 수행했지요. 디오게네스가 통을 굴리며 비꼬았던 코린트의 시민들은 어떤가요? 그들 역시 전쟁 준비를 하기 위해 온 정신을 집중했지요.

그렇다면 그들에게 '생각이 없었다'고 말하는 것은 무엇 때문일까요? 그들은 단지 자기 행동에 대해 다시 생각하기 혹은 다르게 생각하기를 못했지요. 몸도 마음도 기계처럼 습관대로 움직였습니다. 그들에게는 다르게 생각하고 다르게 행동할 힘이 없었습니다.

제가 여러분에게 '생각하자'고 말했을 때, 그것은 '다시 생각하자'거나 '달리 생각하자'는 뜻을 담고 있습니다. 남들이 생각하는 것처럼 생각하는 것, 명령에 따라 생각하는 것, 과거에 해 오던 대로 생각하는 것, 자기 편견에 빠져 생각하는 것은 생각하지 않는 것과 같습니다.

철학자들은 우리가 생각 없이 살아가는 것을 낮에 꾸는 꿈에 비유했습니다. 꿈꿀 때를 떠올려 보세요. 꿈속에서도 우리는 분명히 깨어 있다고 느낍니다. 그래서 꿈속에서도 누군가를 의심하기도 하고 미워하기도 합니다. 심지어 어떤 곤란한 상황에서 벗어나기 위해 지혜를 짜내기도 하지요. 하지만 실제로는 생각이 아니라 꿈을 꾸고 있는 것이지요.

철학자들은 남들의 말이나 관습, 자신의 편견에 빠져서 살아가는 우리 모습이 마치 꿈속에서 사는 것과 같다고 말합니다. 꿈속에서 우리는 자유롭게 생각하고 판단한다고 믿지만 사실은 잠을 자고 있는 것이듯이, 우리가 생각하는 것이 실제로는 생각이 없는 것과 마찬가지라는 것이지요.

몽유병이라고 들어 보셨어요? 잠든 채로 여기저기 돌아다니는 사람들 있잖아요. 아침에 일어나면 자기가 밤에 돌아다녔다는 사실을 알지도 못하지요. 마치 그런 몽유병 환자처럼 우리는 아무런 생각 없이 그냥 살아가고 있는지도 모르겠어요. 제가 술에 취한 채 안경도 쓰지 않고서 길을 건넌 것처럼 말이지요.

운이 좋으면 그렇게 해도 집에 들어갈 수는 있지요.

하지만 정말 위험한 일입니다. 술에 취한 저는 제가 자유롭게 걷는다고 믿겠지만 실제로는 아주 위험한 일이지요. 우리는 생각하지 않을 때, 깨어 있지 않을 때, 악마가 될 수도 있고 바보가 될 수도 있답니다.

우리는 늘 생각할까, 가끔만 생각할까?

인간을 호모 사피엔스, 즉 생각하는 인간이라고 했는데요. 정말 우리는 생각하는 존재일까요? 제가 보기에 우리는 항상 생각한다기보다 간혹 생각하는 것 같습니다. 우리는 언제 생각하는 걸까요? 밥 먹는 걸 떠올려 볼까요? 여러분, 지금까지 여러 번 밥을 먹었지요? 그 많은 식사 중에서 기억나는 게 몇 번 이나 됩니까? 별로 없을 겁니다.

왜 기억나는 게 별로 없을까요. 아마 대부분은 습관적으로 먹었기 때문이겠지요. 그제도 어제도 오늘 아침에도 그냥 먹던 대로 밥을 먹었다면 생각이 나질 않아요. 하지만 여러분이 엄마와 아빠에게 처음으로 밥을 차려 주던 날, 엄마와 아빠는 그 일을 평생 잊지 못할 거예요. 아주 특별한 식사니까요.

남들이 그렇게 하니까, 또는 옛날부터 그렇게 해 온 거니까, 또는 책에 그렇게 써졌으니까, 그렇게 하는 것은 '생각 없이' 사는 거지요. 우리에게 익숙한 것, 우리가 습관처럼 해 왔던 것에 대해 '다시 생각할 수 있을 때' 우리는 비로소 생각하는 거랍니다. 그때 우리는 뭔가를 새롭게 알게 되지요.

디오게네스가 그렇게 이상한 행동을 한 것도 어쩌면 사람들에게 '다시 생각하게' 하기 위해서였을 겁니다. 사람들은 그런 행동을 보면 생각하게 되지요. '저 사람은 왜 저럴까?' 하고요. 그러고는 다시 묻게 될지 모르지요.

'나는 지금 뭘 하고 있는 거지?'

여러분 중의 누군가는 이렇게 물을지도 모르겠어요.

"생각을 한다면 결국 내가 가진 생각이 다시 떠오를 텐데, 어떻게 다른 생각을 하지요?"

그럼 여러분에게 물어볼게요. '생각을 갖고 있다.'는 말과 '생각한다.'는 말이 같은 말일까요?

데카르트라는 철학자가 이런 말을 했답니다.

"나는 생각한다. 그러므로 나는 존재한다."

'존재한다'는 말, 너무 어렵지요? 보통 쓰는 말로 하면 '있다' 정도가 될 듯해요. 그럼 데카르트 말은 이렇게 풀어쓸 수 있겠지요? '내가 생각한다'는 것이 '내가 있다'는 것의 확실한 증거다. 그래도 어렵나요? 좋습니다.

사실 여러분께 묻고 싶은 것은 데카르트가 한 말의 뜻이 아니라, '나는 생각한다.'는 말의 뜻이에요. 나는 생각한다. 이 말이 도대체 무슨 뜻이지요?

여러분도 친구들에게 이런 말을 자주 할 겁니다.

"나는 이렇게 생각해."

● **르네 데카르트**(1596~1650)
데카르트는 서양 근대 철학의 매우 중요한 인물 중 한 사람이지요. 어떤 이들은 그를 근대 철학의 이미지라고도 부른답니다. 프랑스에서 나고 자랐지만 네덜란드에서 보낸 시간이 많아요. 근대 서양에서는 자연과학의 발전이 두드러졌는데요, 데카르트는 여기에 부합하는 철학적 개념과 시각을 제공했다고들 하지요.

('철학자 직은 사전(128쪽)'에서 이어집니다.)

이 말은 무슨 뜻이죠? 아마 이런 뜻일 겁니다.

"나는 이런 생각을 갖고 있어."

우리는 마치 "나는 이런 필통을 갖고 있어." "내게는 이런 안경이 있어."라고 말하는 것처럼 이렇게 말합니다. "나는 이런 생각을 갖고 있어."

하지만 '나는 이렇게 생각해'라는 말이 '나는 이런 생각을 갖고 있어'라는 뜻이라면, 우리는 이때에도 '생각한다'는 말을 써도 좋을까요? 사실 '갖고 있다'는 말은 지금 무언가를 적극적으로 '한다'는 뜻이 아니잖아요. 생각을 '한다'라고 말할 때 우리는 어떤 활동을 하고 있음을 말하는 것인데, '갖고 있다'는 말은 그런 활동을 담고 있지 않아요. 단지 내가 가진 것을 보여 줄 뿐이지요.

'생각한다'는 것은 머릿속의 무언가를 보여 주는 게 아닙니다. '생각한다'는 것은 오히려 내게 없던 것을 만들어 내는 놀라운 활동이지요. 여러분 이런 말을 해 본 적이 있나요?

"예전엔 그런 생각을 해 본 적도 없어요."

맞습니다. 그것이 바로 생각입니다. 예전에는 생각지도 못한 것, 예전에 가져 보지 못한 생각이 떠오르는 것, 그것이 바로 생각하는 것이랍니다.

체스 두는 컴퓨터 딥 블루

혹시 딥 블루라는 컴퓨터에 대해 들어 보셨어요? 딥 블루는 미국 컴퓨터 회사인 아이비엠(IBM)의 과학자들이 8년에 걸쳐 만든 슈퍼컴퓨터입니다. 체스를 두는 컴퓨터였는데요, 고성능 기억 장치와 연산처리 장치를 탑재하고 있었지요. 딥 블루는 1996년과 1997년에 세계체스 챔피언인 카스파로프와 대결을 벌였습니다. 1996년에만 여섯번을 대결했는데 첫 대결에서는 딥 블루가 이겼어요. 하지만 나머지다섯 번의 대결에서는 카스파로프가 세 번 이기고 두 번 비겼지요.

재미있는 것은 처음에 졌던 카스파로프가 두 번째 대결부터는 일부러 엉뚱한 수를 두었다는 사실이에요. 딥 블루는 카스파로프가 어떤 수를 두면 그것으로 가능한 모든 경우를 조사했답니다. 자신에게입력된 모든 경우를 따져 본 뒤 딥 블루는 자신의 수를 결정했지요.하지만 카스파로프가 엉뚱한 수를 두자 어떻게 대응해야 할지 알 수가 없었던 겁니다.

그 뒤로 과학자들은 딥 블루의 성능을 개량했어요. 1초당 2억 개의 위치를 계산할 수 있게 하고, 수천 개 이상의 대국을 분석한 정보를 입력했지요. 최소한 12수 앞을 내다볼 수 있을 정도였다고 합니다. 엉뚱한 수에 대한 계산도 어느 정도 넣어 두고요. 결국 딥 블루는 1997년에 카스파로프를 물리쳤습니다.

딥 블루는 어찌 보면 생각이 참 많은 컴퓨터였습니다. 카스파로프가 미처 생각지도 못한 경우까지도 딥 블루는 자세히 조사했으니까요. 카스파로프가 어떤 수를 두면 딥 블루는 그 수를 통해 공격 가능한 방식들을 수백 수천 가지 검토했지요. 그리고 그 속도도 정말 빨랐어요. 1초에 2억 개나 되는 위치를 계산했으니까요.

하지만 딥 블루는 과연 생각을 했을까요? 딥 블루가 안에 들어 있는 프로그램에 맞추어 입력된 값에 반응한 것뿐이라면 우리는 이것을 '생각한다'고 말할 수 있을까요? 아무리 수천억 개의 계산을 한다고 해도, 그것은 어쩌면 우리가 집에서 사용하는 계산기에서 '2'를 누르고 '×'를 누른 뒤, '3'을 누르고 '='를 누르면 '6'이라고 나타나는 것과 같지 않을까요?

● **장 보드리야르**(1929~2007)
얼마 전 세상을 떠난 프랑스 철학자입니다. 어떤 사람은 그를 사회학자로 부르기도 하고 문화 비평가로 부르기도 합니다. 정치 비평가, 사진작가로 부르는 사람도 있고요. 그만큼 다양한 활동을 한 사람입니다. 대학에서는 독일어를 전공했어요. 그래서 학교에서 독일어를 가르치기도 하고, 독일 작가들의 작품들을 여럿 번역하기도 했죠. 신문에 비평도 썼고요. 그러다가 교사 생활을 그만두고는 사회학과 철학을 공부했어요.

('철학자 작은 사전(132쪽)'에서 이어집니다.)

'보드리야르'라는 철학자는 딥 블루가 '고독' 했다고 말합니다. 컴퓨터도 외로움을 타나요? 그런 이야기가 아닙니다. 보드리야르는 딥 블루가 카스파로프와 대결을 했다기보다는 단지 혼자서 어떤 일을 했을 뿐이라고 말한 거지요. 딥 블루에게는 상대방이 없었다고 할 수 있습니다. 자기 앞에 카스파로프가 있는지, 강아지가 있는지 딥 블루에게는 중요하지 않아요. 누군가 어떤 신호를 보내면 자신에게 들어 있는 프로그램에 따라 어떤 반응을 보일 뿐이니까요.

생각에 없던 말, 여자 축구 선수

카스파로프는 사람이고 딥 블루는 기계니까 이런 비교가 쓸데없다고 생각하나요? 우리 몸 안에는 프로그램이 들어 있지 않다고 말하고 싶으세요? 글쎄요.

좀 우스운 이야기지만, 저는 우리 몸 안에 무슨 프로그램이 들어 있는 게 아닐까 싶을 때도 있어요. 자동판매기에 '커피'라고 쓰인 조작 단추를 누르면 '까만' 물이 나오듯, 우리의 생각도 자동으로 나오는 게 아닐까 의심하기도 해요.

제 경험을 하나 이야기해 볼게요. 초등학교 때 선생님이 어느 날 축구공과 배구공을 들고 오셔서는 이렇게 말씀하셨어요.

"남자애들은 축구하고, 여자애들은 피구해라."

모두가 남녀로 나뉘어서 축구와 피구를 했지요. 그런데 선생님께서 자리를 뜨자 피구를 하던 순미가 슬쩍 저희 남자애들에게 와서는 축구를 함께 하자고 했어요.

순미는 우리 반에서 달리기를 제일 잘했어요. 키도 제일 컸는데, 그 큰 키로 껑충껑충 뛸 때면 무슨 망아지를 보는 것 같았지요. 순미는 축구도 잘했어요. 언젠가 친구들끼리 축구를 할 때 순미가 끼워 달라고 해서 깍두기로 상대팀에 넣어 주었는데 순미 때문에 우리 팀이 지고 말았어요. 공을 앞에 차 놓고 뛰면 아무도 순미를 따라잡을 수가 없었거든요.

결국 순미는 자연스레 남자애들 틈에서 공을 차게 되었어요. 그런데 동네 아저씨 한 분이 운동장을 가로질러 지나가다 공 차는 순미를 보신 겁니다. 그때 아저씨는 큰 소리로 이렇게 말했어요.

"무슨 놈의 여자애가 사내놈들처럼 공을 차고 있어? 망아지처럼 이리 뛰고 저리 뛰고. 냉큼 저리 가지 못해!"

순미는 기가 팍 죽어서 여자애들 무리로 돌아갔고 잠깐 동안 우리는 멍한 표정으로 서로를 바라봤지요. 결국 공을 다시 차기는 했지만 저한테는 그때 순미의 표정이 아직도 눈에 선해요.

여러분들은 '그 아저씨 정말 이상하네. 웬 참견!' 이라고 생각할지도 모르겠네요. 요즘은 여자 축구가 꽤 인기를 끌고 있으니까요. 하지만 제가 어렸을 때 '여자 축구 선수'라는 말은 생각해 본 적도 없

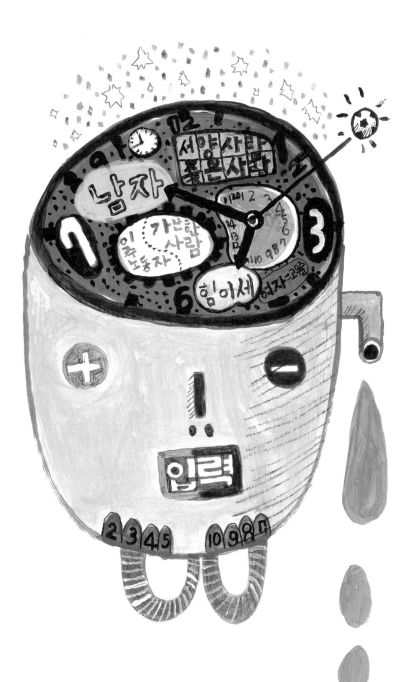

어요. 저희 동네 어른들은 여자아이가 공을 차는 걸 아주 이상하게 생각했어요. 여자애들은 고무줄놀이나 하는 거라고 믿었으니까요.

'남자＝축구', '여자＝고무줄놀이'라는 등식이 그분들 머릿속에 심어져 있었지요. 공을 차는 여자애를 보는 순간 아저씨 머릿속에는 일종의 자동 반응이 일어났을 겁니다. 마치 계산기처럼요. '입력 값'이 '여자아이'와 '축구'가 되는 순간 '삐' 하고 '잘못'을 나타내는 '출력'이 나온 거지요. 아저씨는 '생각했다'기보다는 '반응했다'고 할 수 있을 것 같습니다.

우린 도둑이 아니에요

우리는 쉽게 이런 말을 하곤 합니다.

"내 생각은 이래."

하지만 종종 그 말은 딥 블루처럼 내 안에 심어진 프로그램에 지나지 않는 경우가 많습니다. 제가 예전에 어느 신문에서 읽은 것인데요. 방글라데시에서 온 '아가스'라는 사람이 겪은 일이랍니다. 그는 어머니 생일 선물을 사기 위해 금은방을 찾아갔대요. 그런데 금은방 문을 열고 들어서자 주인이 자신을 아래위로 훑어보더래요. 기분이 나빴지만 꾹 참고 이것저것 물건을 좀 보여 달라고 했답니다. 그런데 주인은 한두 개 보여 주더니, "살 거면 말하고 아니면 나가."

라고 했다는군요. 손님도 없어 바쁘지도 않은데, 주인은 왜 그랬을까요? 아마 물건을 훔쳐갈지 모른다고 의심했나 봅니다.

아가스 씨는 얼마 전 공장에서 쫓겨났는데 그것도 비슷한 이유 때문에 그랬답니다. 신발 공장에 다녔는데, 어느 날 퇴근 전에 한 직원이 지갑을 잃어버렸다며 소리를 질렀대요.

그런데 공장장이 제일 먼저 아가스 씨를 조사했답니다. 하루 동안 다닌 장소를 모두 대라고 윽박질렀대요. 지갑을 내놓으라고 소리도 지르고 몸도 수색하고요. 그런데 그 지갑은 결국 식당에서 나왔답니다. 그 직원이 식당에 두고 착각한 것이죠.

도대체 왜 공장장은 아가스 씨가 범인이라고 생각했을까요? 아마 이상한 편견을 가졌기 때문일 겁니다. 이주노동자는 가난하니까 지갑을 훔쳤을 거라는 잘못된 생각이 떠올랐을 겁니다. 하지만 이것이 과연 '생각하기'일까요? 아닙니다. 공장장은 단지 반응한 것뿐입니다. 언제부턴가 자기 마음속에 자리 잡은 '이주노동자＝위험인물'이라는 등식에 따라, 사건이 일어나자 아가스 씨가 훔쳤을 거라는 반응을 보인 것이지요.

그래서 생각한다는 것은 우리가 당연하게 여기는 것, 쉽게 고개를 끄덕이는 것을 의심해 보는 일이기도 해요. 철학자들은 우리가 당연하게 생각하는 것에 '왜'냐고 묻곤 하지요. 당연한 것에 '왜 그럴까?'라고 물을 때, 우리는 조금씩 생각하게 됩니다. 우리는 우리에게 익숙한 말, 익숙한 일은 그냥 지나치기 쉽습니다. 우리가 가진 생각으로는 이해할 수 없는 어떤 일을 마주칠 때, 그때 우리는 생각을 하게 됩니다.

여기서 철학자 니체 이야기를 해 드리고 싶네요. 니체는 정말 삐딱한 사람이었나 봅니다. 우리가 옳다고 확신하는 말들에 딴죽을 많이 걸었어요. 그중 하나가 '네 이웃을 사랑하라.'는 예수님의 말에 건 딴죽이지요. 니체는 "네 이웃을 사랑하지 말라."고 말했답니다.

웬 황당한 소리냐고요? 도대체 니체는 왜 예수님의 당연하고도 훌륭한 말씀에 딴죽을 걸었을까요? 예수님을 싫어해서 그랬을까요? 그렇지 않습니다. 아마 니체는 사람들이 뭔가 생각해 볼 수 있도록 그런 이상한 말을 했을 겁니다.

니체는 우리의 이웃 사랑에 나쁜 점이 있다고 했어요. 우리는 주변 사람들을 자기 편으로 끌어들이고 싶어 해요. 그래서 그들에게 잘 대해 주지요. 하지만 내 주변 사람들, 내가 좋아하는 사람들, 나에게 좋은 말만 해 주는 사람들끼리 뭉치면 무슨 일이 생길까요? 우리끼리만 뭉친다면 우리가 아닌 다른 사람들은 왕따가 되겠지요. 여러분도 학교에서 봤을 겁니다. 친한 친구들끼리만 몰려다니고 친하지 않은 아이들은 왕따시키잖아요.

혹시 지역감정이라는 말을 들어 봤어요? 지역감정은 자기 동네 사람들끼리만 친하고 다른 동네 사람들은 미워하는 감정이라고 할 수 있습니다. 우리 민족을 사랑하는 감정이 지나치면 다른 민족을 미워하게 됩니다. 너무 이웃을 많이 사랑하면 이웃이 아닌 사람을 미워할 수 있지요.

어때요? '이웃을 사랑하지 말라.'는 니체 말이 조금은 이해가 되세요? 니체는 또 이렇게 말했지요.

"이웃을 사랑하려거든 너의 먼 이웃을 사랑하라."

나에게 좋은 말만 해 주는 사람, 나에게 익숙한 사람을 사랑할 것이 아니라, 내가 이해하기 힘든 사람, 나에게 좋은 말도 자주 해 주지 않는 사람, 나와 피부색이 다른 사람, 나와 취향이 다른 사람, 이런 사람들을 사랑하라는 겁니다.

니체는 나에게 익숙한 것에서 떠나 보라고 했지요. 우리는 이때 비로소 생각을 하게 된답니다. 자 그럼 하나 물어볼까요? 우리에게 가장 익숙한 사람은 과연 누구일까요? 그렇습니다. 우리 자신이겠지요.

그래서 우리는 생각하기 위해, 즉 다르게 생각하고 새롭게 생각하기 위해, 이제까지의 모습에서 떠나 볼 필요가 있어요. 아니 반대로 말해야 할지도 모르겠습니다. '나는 생각한다'고 말할 때, 더 엄밀히 하자면 생각이 내게 일어날 때, 우리는 지금의 '나'에서 떠나기 시작한 거라고.

다르게 생각하는 것은 다르게 사는 것

나 자신으로부터 떠난다는 말을 너무 어렵게 여길 필요는 없어요. 여러분이 '난 여기까지야.' 라고 믿는 곳, '여기가 내 한계야.' 라고 믿는 그곳에서 시작해 보세요. 물론 조심스럽게요. 주변의 친구들도 좋고, 엄마 아빠도 좋고, 선생님도 좋아요. 도움을 받아 가며 새로운 것에 도전해 보세요. 여러분이 가 보지 못했던 곳, 여러분이 만나 보지 못했던 사람, 여러분이 싫어했던 책이나 음악을 만나 보세요.

낯선 것과의 마주침이 여러분에게 다른 생각을 낳아 줄 겁니다. 그때 여러분은 생각을 할 것입니다. 어찌 보면 생각이 여러분에게 일어나고, 생각이 여러분을 찾아오지요. '생각한다' 는 것은 이처럼 '생각이 생겨나는 일', '생각을 낳는 일' 이랍니다. 그러니 물건 찾듯 생각을 뒤지지 마세요. 생각은 낳는 것, 생겨나는 것이지, 갖는 것이 아니랍니다. 생각을 뒤지기보다는 차라리 새로운 삶에 도전해 보세요. 그걸 실험해 보세요. 그렇게 해서 여러분의 삶을 새롭게, 아름답게 가꾸어 보세요. 철학을 한다는 것은 바로 그런 거랍니다.

정리하자면 '생각한다' 는 것은 '생각을 낳는 것', 즉 '다르게 생각하는 것' 이고, 그것은 또한 '다르게 살아가는 것' 입니다. 철학은 '생각하는 기술' 이지만, 그때 생각의 기술이란 '삶을 가꾸는 기술' 이었잖아요.

　그러고 보니 저도 이제 데카르트
의 말에 은근히 딴죽을 걸고 싶네요. 데카
르트가 "나는 생각한다. 그러므로 나는 존재한
다."고 했지요? 그런데 '생각한다'는 말은 무슨 뜻이라고 했지
요? 네, 그렇습니다. '다르게 생각한다.', '다른 생각을 낳는다.'고
했지요.

　저는 그걸 '생각이 찾아온다.', '생각이 생겨난다.'고도 했어요.
'내가 생각한다.'기보다 '생각이 나를 찾아온다.'고나 할까요.

우리가 새로운 삶을 시도하는 것, 낯선 것과 마주하는 것, 스스로 한계라고 믿었던 데서 한 발 더 나가 보는 것, 이 모든 게 생각을 맞이하는 준비입니다. 생각은 그때 우리에게 일어나지요.

그런데 생각을 한다는 게 예전의 '나'를 넘어서는 일이라면 데카르트의 말은 조금 이상하지 않나요? 데카르트는 "나는 생각한다. 그러므로 존재한다."고 했어요. 하지만 '생각한다'는 것은 나를 극복하는 일이에요. 생각이 일어나면 나는 달라지지요. 예전의 내가 유치해 보여요.

내가 여전히 예전의 나로 머물러 있다면 내게는 생각이 일어나지 않는 거지요. 그리고 보면 생각을 할 때 나는 존재하지 않는 것이고, 내가 나로서 여전히 존재하는 한 생각하는 게 아니지요. 그래서 저는 데카르트에게 이렇게 말하겠습니다.

"생각한다. 그러므로 나는 존재하지 않는다."

● 한국 사회와 이주노동자

이주노동자들이 만든 밴드 '스탑크랙다운'이 공연을 하고 있다.

제가 어렸을 때는 외국인을 만날 기회가 드물었어요. 하지만 언제부턴가 피부색이 다른 사람들을 만나는 일이 많아졌어요. 이제 한국에서 살아가는 외국인들은 백만 명이 넘는답니다. 물론 관광이나 사업, 학업을 위해서 온 사람도 있을 겁니다. 하지만 또 상당수는 일자리를 얻고 돈을 벌기 위해서 온 사람들이에요. 저희 부모님 세대에는 한국인들이 그런 이유로 외국에 많이 나갔죠. 광부나 간호사로, 식당 직원으로, 농장이나 공장에 들어가기도 했어요. 이제는 한국에 그런 일자리를 찾아 온 외국인들이 많아졌어요. 이들을 이주노동자라고 불러요.

한국에 사는 이주노동자는 40만 명 안팎이라고 합니다. 1990년대 들어 산업체 인력난이 심해지자 정부가 이주노동자들을 많이 끌어들였어요. 하지만 이주노동자들을 맞을 준비를 제대로 한 것은 아니에요. 부족한 노동력을 충원한다는 생각만 했지 이들의 삶을 배려하는 정책이나 제도를 마련하지 못했죠. 그래서 이주노동자들의 경우 저임금 장시간 노동은 물론이고, 임

2008년 '세계 이주민의 날 한국대회'에 참석한 이들이 차별 폐지를 외치고 있다.

금을 떼이거나 폭행을 당하는 경우가 많았어요. 이런 인권 침해가 발생하는 건 근본적으로 이주노동자들의 신분이 불안정하기 때문이랍니다.

지금 제도 아래서는 3년 이상 머물거나 입국 때 지정된 작업장을 옮길 수가 없어요. 그런데 이주노동자들 대부분은 가난한 사람들이에요. 또 한국에 들어올 때 돈을 많이 냈기 때문에 정해진 시기가 지나도 머무르려 하지요. 불법체류자라 불리는 미등록 이주노동자가 이렇게 생겨납니다. 그런 사람들이 20만 명 가까이 되지요. 그중 2만 명 정도는 10년 넘게 산 사람들이고요. 그냥 물건이라고 생각하면 필요할 때 쓰고 보내면 그만이지만, 사람들이 들어온다는 것은 그렇게 단순하지가 않아요. 사람이 오면 삶이 만들어지고 새로운 관계가 꾸려지니까요. 그걸 무시하고 단속 추방하는 것만으로 문제를 풀 수는 없어요. 지구화를 포기할 것이 아니라면, 이제 개별 나라의 법을 넘어서 이주노동자의 권리에 대해서 함께 고민을 할 때가 되었어요.

생각이 공부이고
공부가 자유입니다

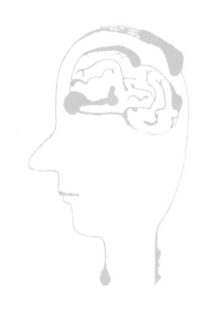

다르게 살아가는 것, 그것이 공부

다르게 생각하고, 다르게 살아가는 것은 언제 가능할까요? 우리가 뭔가를 깨달았을 때부터일 겁니다.

"아, 이렇게 생각할 수 있구나."

"아, 이제부터는 이렇게 살아야겠다."

뭔가를 깨닫는 것, 우리는 그것을 '공부'라고 말할 수 있을 겁니다.

우리는 다르게 생각하게 될 때, 그래서 다르게 살게 될 때, 뭔가를 '배웠다'고 말합니다. 즉 '공부했다'는 것이지요. 철학을 하는 것은 결국 공부를 하는 것입니다. 철학이라는 과목을 공부한다는 게 아니라, 철학을 한다는 것 자체가 공부한다는 말과 같다는 이야기입니다.

보통 여러분은 언제 공부한다고 말하나요? 엄마가 "너 공부 좀 해라."라고 말할 때, 그것은 무슨 뜻인가요? 네, 맞습니다. 보통은 교과서 열심히 읽고 문제집 열심히 풀고, 수학 공식이나 영어 단어 많이 외우는 걸 공부한다고 하지요.

하지만 제 생각에 이런 건 공부가 아니랍니다. 왜냐하면 그렇게 한다고 뭔가를 생각하는 것도 아니고 내가 달라지는 것도 아니기 때문이지요. 오히려 아무 생각 없는 기계적 암기야말로 공부에 반대되는 것이라고 할 수 있습니다.

그럼 영어 공부나 수학 공부는 공부가 아닌가요? 그렇지는 않습니다. 어떻게 하느냐에 따라 공부일 수도 있고 아닐 수도 있습니다. 똑같은 수학 공식도 누군가에게는 시험을 위해 무조건 외워야만 하는 규칙이고 누군가에게는 생각을 정리해 주고 계산을 도와주는 소중한 도구이지요.

저도 고등학교 때 수학 공식 외우느라 참 고생 많이 했어요. 한번은 제가 어떤 문제를 풀지 못해 끙끙대고 있으니까 수학 학원에 다니던 제 친구가 어떤 공식 하나를 알려 주더군요.

"이 문제는 그냥 이 공식에 대입하면 답이 나와."

비슷한 문제 몇 개를 풀어 봤는데, 정말 신기하게도 그 공식에 대입만 하면 답이 맞았어요. 그래서 무조건 외워 버렸지요. 다음부터는 별로 생각할 필요도 없었어요.

마치 자동판매기에 동전 넣고 단추를 누르면 음료수가 나오듯이, 기계적으로 문제를 다 풀 수가 있었지요. 어쩌면 제 자신이 기계가 되었는지도 모르겠네요.

무서운 수학 공식과 사랑스러운 수학 공식

언제부턴가 수학 공식이 무서운 선생님 같았어요.

"무조건 외워. 내 말을 안 들으면 넌 틀리고 말 거야."

저는 수학 공식이 시키는 대로 해야 했어요. 수학 공식이 주인이고 저는 노예 같다고 할까요.

하지만 수학 공식이 그렇게 무서운 것은 아니랍니다. 우리에게 다짜고짜 자기 말만 들으라고 명령하는 주인도 아니고요. 제가 유나 이야기를 해 드릴게요. 유나는 전라도의 어느 대안학교에 다니는 학생이랍니다.

원래 유나는 일반 고등학교를 1학년까지 다녔답니다. 그런데 학교가 감옥처럼 느껴졌대요. 머리도 맘대로 기를 수 없고 옷 입는 것도 그렇고. 고등학교 들어오자마자 좋은 대학에 가야 한다고 말하는 선생님들도 싫고. 그래서 학교를 그만두고 여기저기 여행도 하고 돌아다니다 다시 공부를 하려고 대안학교에 들어왔답니다.

처음에 유나는 수학을 정말 싫어했대요. 예전에 다니던 학교에서도 수학을 제일 싫어했고요. 대안학교에 들어온 뒤 유나는 목수 아저씨한테 집짓기를 배웠습니다. 유나는 집 짓는 일에 푹 빠졌어요. 나무를 대패질하고 흙을 반죽하고, 온종일 땀을 뻘뻘 흘리면서도 힘든 줄을 몰랐대요. 그런데 집을 지으려면 방의 넓이도 계산해야 하고, 각기둥이 받는 힘도 알아야 했대요.

결국 유나는 선생님에게 수학을 다시 배우는 중이랍니다. 자기가 수학을 다시 공부할 줄은 꿈에도 몰랐대요. 그런데 어쩐지 이번에는 수학이 싫지가 않더랍니다. 어렵긴 하지만 자기 일에 도움이 많이 되고 문제가 풀리는 게 신기하기도 하고요. 무엇보다 그 원리를 알고 나니 계산을 쉽게 도와주는 공식이 그렇게 고마울 수가 없더래요. 유나는 정말 달라졌어요.

예전에는 수학 시간이 감옥에 갇힌 것처럼 답답했는데 이제 수학은 유나에게 대단한 힘을 줍니다. 예전에 수학 공부는 유나의 자유를 가로막았는데 이제는 유나를 자유롭게 해 준대요. 예전에는 유나의 힘을 빼앗았는데 이제는 유나에게 힘을 준다고 하네요. 도대체 뭐가 달라진 걸까요? 유나는 어떻게 자유로워진 것일까요?

아담은 자유로웠을까?

사람은 누구나 자유롭고 싶어 합니다. 여러분도 자유롭고 싶지요? 그렇지 않나요? 여러분 가장 자유로운 상태를 떠올려 보세요. 어떤 모습이 떠오르나요? 혹시 그 상상 속에는 자기 혼자만 있지는 않나요? 사람들은 곧잘 이렇게 말한답니다.

"날 자유롭게 내버려 둬."

그럼 자유란 무엇일까요? 누가 간섭하지 않는 거요? 그냥 내 맘대로 사는 거요?

남의 간섭을 받지 않는 걸로 따지면 아마 혼자 살았던 아담이 제일 자유롭지 않았을까요? 하느님이 만들었다는 최초의 인간 아담 말이에요. 아담에게는 엄마도 아빠도 없었고, 이브가 만들어지기 전에는 친구나 연인도 없었지요. 정말 자유로웠을 것 같네요. 그럼 아담이 세상에서 제일 자유로운 사람이었을까요? 그런데 스피노자라는 철학자는 그렇게 생각하지 않았답니다. 그는 아담이야말로 세상에서 제일 자유롭지 못했던 사람이라고 말합니다. 왜 그런 말을 했을까요?

스피노자는 아담을 인류의 어린아이라고 부릅니다. 만약 전체 인류가 살아온 시간을 한 사람의 인생에 비유하자면 아담의 생애는 아기에 해당한다는 거지요. 하지만 꼭 그것 때문에 아담을 어린아이라고 부른 건 아닙니다. 세상을 살아가기에 아담은 아는 것도 너무 없고 힘도 약했지요. 결정적으로, 하는 짓이 너무 유치했어요.

스피노자는 선악과를 따 먹고 일어난 일이 아담의 유치함을 아주 잘 보여 준다고 생각했어요. 여러분 성경에 나오는 선악과 이야기 아세요? 에덴 동산에 선과 악을 분별해 주는 과일이 있었지요. 하느님은 아담에게 그 과일을 따 먹지 말라고 말씀하셨어요. 그런데 어느 날 뱀이 다가와 그 과일을 먹으면 하느님처럼 뛰어난 능력을 갖게 된다고 아담과 이브를 꾀지요. 결국 이들은 선악과를 먹었고 하느님이 벌을 내릴까 무서워서 숨어 버립니다.

그런데 스피노자가 보기에는 이 모든 게 아담의 어리석은 상상에서 일어난 일이라는 겁니다. 무슨 말이냐고요? 전지전능한 신의 말을 아담이 어겼지요? 하지만 정말 그것이 가능한가요? 신이 그 과일을 먹지 않게 해야겠다고 결심했으면 그 뜻을 인간이 어길 수는 없어요. 만약 신이 그런 결심을 하지 않았다면 아담은 신의 뜻을 어긴 게 아니고요.

스피노자는 이렇게 말합니다. 아담은 신의 뜻을 어긴 게 아니라고. 아담은 자기 몸에 해로운 과일을 먹어서 큰 탈이 났을 뿐이라는

● 베네딕트 드 스피노자(1632~1677)
스피노자는 네덜란드 암스테르담에서 태어나 주로 헤이그 인근에서 살았어요. 유럽에서 종교 박해를 피해 네덜란드로 이주한 유복한 유대인 집안에서 자랐답니다. 아버지가 죽은 후 자세한 내막은 알 수 없지만 유대인 공동체에서 파문되었어요. 저주를 받으며 쫓겨난 거죠. 뿐만 아니라 한 광신자의 습격을 받아 죽을 뻔했답니다. 스피노자의 주장을 그만큼 위험하다고 생각했던 모양입니다. 그는 '모든 사람들이 사유를 사랑하는 건 아니다.'는 점을 기억하기 위해, 당시 칼에 찢긴 외투를 간직했다고 해요.

('철학자 작은 사전(128쪽)'에서 이어집니다.)

겁니다. 신은 탈이 날 거라고 경고했으니, 결국 아담은 신의 말을 어긴 게 아니라 오히려 증명했다는 겁니다.

그런데 아담은 자기가 신의 말을 어겼고 그것 때문에 나중에 혼이 날 거라고 생각했어요. 스피노자는 아담의 이런 상상이 너무 유치하다고 말합니다. 아담은 신이 자신을 찾지 못하도록 숨었습니다. 마치 잘못을 저지르고 엄마한테 혼날까 봐 숨는 어린아이들처럼요. 그래서 신은 "아담아 어디 있느냐?" 하고 찾으러 다니지요.

그런데 여러분 생각해 보세요. 전지전능한 신이 아담이 있는 곳을 모를까요? 그럼 이상하잖아요. 그럼 왜 신은 아담을 찾으러 다녔을까요? 답은 간단합니다. 아담이 그렇게 상상한 것뿐이지요. 마치 신을 엄마나 아빠, 선생님처럼 생각했나 봐요.

스피노자는 이처럼 상상 속에 빠져 있는 아담을 자유롭다고 말해서는 안 된다고 말합니다. 어리석은 사람은 누가 시키지 않아도 스스로 어리석은 생각 속에 빠져 있지요. 그런 걸 두고 우리는 어리석음에 갇혀 있다고 말합니다. 누가 가두지 않아도 스스로 갇혀 있다는 거지요.

아담도 마찬가지입니다. 최초의 인간이었기에 부모님도, 친구도 없었던 아담은 모든 걸 제멋대로 상상하면서 그 속에 갇혀 있었던 겁니다.

내 맘대로와 자유롭게

여러분 제멋대로 사는 것과 자유롭게 사는 건 다릅니다. 소크라테스라고 혹시 들어 보셨어요? 서양에서 소크라테스라는 이름은 '철학자' 라는 말을 대신할 정도로 유명하지요. '배부른 돼지로 사느니 배고픈 소크라테스로 살겠다.' 는 말이 있습니다. 여기서 돼지는 먹을 것만 탐내는, 그야말로 생각 없는 사람을 가리키는 말이지요. 반면에 소크라테스는 비록 배고프더라도 생각하는 삶을 살겠다는 사람을 가리키고요.

● **소크라테스**(기원전 469년~399년)
철학에 별 관심이 없는 사람도 소크라테스라는 이름을 들어 봤을 거예요. 서양 철학의 토대를 닦은 사람이라는 평가를 받습니다. 그런데 그가 진짜 어떤 사람이었는지를 알려 주는 기록은 많지 않아요. 플라톤, 크세노폰, 아리스토텔레스의 책, 그리고 아리스토파네스의 희극 정도가 있을 뿐이지요. 문제는 소크라테스에 대한 묘사가 문헌에 따라 많이 다르다는 겁니다. 그래서 어떤 이들은 그가 정말 실존했는지조차 의심하기도 하죠. 하지만 여러 면을 고려할 때 소크라테스는 실존한 인물이었다고 본답니다.

('철학자 작은 사전(126쪽)' 에서 이어집니다.)

그런데 소크라테스는 알키비아데스라는 젊은이를 무척 아꼈습니다. 알키비아데스는 좋은 가문에서 태어났고 당시 최고 권력자의 후원을 받고 있었지요. 게다가 얼굴도 너무 잘생겨서 많은 사람이 그를 사랑하고 부러워했어요. 그런데 알키비아데스는 더 큰 명성과 더 큰 권력을 갖고 싶어 했답니다. 그것이 훌륭한 사람이 되는 길이라고 믿었지요.

이런 알키비아데스에게 소크라테스는 '너 자신을 알라.' 라고 말합니다. 이 말은 '네 주제 파악이나 하라.' 는 뜻이 아니랍니다. 바로 '네 자신의 삶을 먼저 돌보고 가꾸라.' 는 말이지요. 그러면서 소크라테스는 알키비아데스에게 '훌륭함' 이 무엇인지나 알고 있느냐고 묻습니다. 무엇이든 마음대로 할 수 있는 권력과 부를 가졌지만 정작 무엇이 훌륭한지 무엇이 좋은지를 알지 못한다면 오히려 자신을 망칠 거라면서요. 소크라테스와 알키비아데스, 두 사람의 대화를 들어 볼까요?

소크라테스   사랑하는 알키비아데스, 원하는 것은 무엇이든 할 수 있는 자유는 있지만 지혜를 갖지 못한 개인과 나라에는 어떤 일이 생길까? 원하는 건 무엇이든 할 수 있는 자유를 가졌으나 의사의 지혜는 갖지 못한 병자에게 무슨 일이 생길까? 바로 자기 몸을 해치는 일이 아니겠는가?

알키비아데스 　맞는 말씀입니다.

소크라테스 　좋아 보이는 것은 무엇이든 할 수 있는 자유는 있으나 선장의 지혜와 훌륭함은 갖지 못한 자가 있을 때. 그 사람과 그의 동료인 뱃사람들에게는 어떤 일이 생길까?

알키비아데스 　아마 모두가 죽겠지요.

소크라테스 　그런 자유가 있다면 그것은 자유인에게 적합할까, 노예에게 적합할까?

알키비아데스 　그런 자유는 자유인의 것이 아니라는 걸 잘 알겠습니다. 그리고 제가 그동안 원했던 자유가 자유라기보다는 어리석음이었다는 것도요. 이제는 거기서 어떻게 벗어나야 할지도 알 것 같습니다.

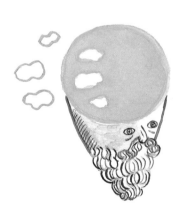

내 맘대로 사는 것과 자유롭게 사는 것은 다릅니다. 저도 그 사실을 나중에 깨달았습니다. 학교에 다닐 때는 이런저런 간섭이 정말 싫었습니다. 제게 '이걸 해라, 저걸 해라' 말하는 선생님도 많았고, 제 생활에 간섭하는 사람도 많았습니다. 그때는 이렇게 생각했습니다.

'정말 자유롭게 살아 봤으면. 그리고 정말 자유롭게 공부했으면.'

그런데 저만 그런 생각을 한 게 아니었나 봅니다. 제 주변의 친구들도 그런 생각을 했어요. 그래서 우리는 새로운 모임을 만들었어요. 자유롭게 공부하고 함께 생활하는 모임을 말이지요.

그런데 이상했습니다. 분명히 '간섭'은 없는데 '자유롭다'는 느낌이 들지 않는 겁니다. 제 맘대로 살면 아주 새로운 삶이 펼쳐질 줄

알았는데, 예전이랑 별로 달라지지 않았어요. 오히려 사소한 일로 친구들과 싸우기도 했지요. 왜냐하면 우리는 다른 사람의 간섭을 싫어했으니까요.

"내 자유를 존중해 줘."

"우리 서로 간섭하지 않기로 했잖아."

우리는 다르게 생각하고 다르게 살고 싶었습니다. 무엇보다 자유롭게 살고 싶었습니다. 그런데 다시 묻게 되었지요. 우리는 정말 자유로운가?

여러분이 생각하는 자유란 어떤 것입니까? 간섭받지 않고 내 맘대로 사는 거요? 아니면 내 취향에 따라 이것저것을 마음대로 선택할 수 있는 거요? 그런 선택을 존중해 주는 게 자유로운 사회일까요? 저는 이제 그렇게 생각하지 않는답니다.

예를 들어 알코올 중독자가 있다고 합시다. 분명히 그 사람은 자기가 먹고 싶어서 술을 마신다고 말할 것입니다. 그가 술을 마시는 것을 자유라고 말할 수 있을까요? 제 생각에는 그 반대입니다. 그가 자유로워지려면 술을 마실 것이 아니라 줄이거나 끊어야 할 것입니다. 그는 술로부터 자유로워져야 하지요. 얼핏 생각하면 그는 술을 마시고 싶어서 마시는 것이지만, 달리 생각해 보면 그는 술을 마시지 않을 수 없어서 마시는 거랍니다.

저도 같은 경험이 있어요. 저는 커피를 아주 좋아했답니다. 물론 지금도 좋아하지요. 하지만 예전과는 달라요. 예전에는 커피를 마시지 않으면 글을 잘 쓸 수가 없었어요. 커피는 제가 좋아하는 음료이고 분명 제게는 커피를 마실 수 있는 자유가 있을 겁니다. 하지만 잘 생각해 보면 그것은 자유라기보다는 습관입니다. 저는 커피를 마시지 않을 수 없으면서도 그걸 걱정하는 친구들에게 저의 커피 마실 자유를 우겨 댔던 셈입니다. 여러분 주변에 담배를 피우는 사람이 있으면 물어보세요. 대부분은 끊을 수 없어서 피운답니다.

그런데 과연 술이나 담배, 커피만 그럴까요? 그렇지 않아요. 우리의 몸과 마음은 대부분 관성과 습관의 지배를 받아요. 여러분 기억하세요? 제가 '생각하기'란 '다르게 생각하기'라고 했지요? 그리고 그럴 때 우리는 공부한다고 했어요. 이제 저는 공부가 '자유'와 관계된다고 말하고자 합니다. 자유란 공부가 우리에게 가져다주는 선물이라고 할 수 있어요. 즉 공부하면 자유로워지지요. 우리는 공부함으로써 습관이나 편견, 통념에서 벗어날 수 있게 됩니다. 그런 '벗어남'이 자유입니다.

다른 음식을 먹듯 술도 즐길 수 있는 사람과 술 아니면 못 사는 사람은 전혀 다르지요. 자유란 선택의 문제라기보다는 능력의 문제입니다. 그것은 무언가를 새롭게 할 수 있는 능력을 의미하지요. 다르게 생각하는 힘, 다르게 살아가는 힘을 기를 때 우리는 자유롭습니다.

컴퓨터 게임을 하지 않으면 불안하세요?

여러분, 내 자유를 누군가에게 인정받는 것보다 더 중요한 것은 내가 정말 자유로워지는 것입니다. 이제 저와 제 친구들은 서로를 내버려 두지 않고 마구 간섭한답니다. 제가 커피를 너무 많이 마시면 강제로 녹차를 마시게도 하고, 제가 철학책만 보고 있으면 강제로 소설책도 읽히고, 과학책도 읽게 만듭니다. 그런 식으로 제게 새로운 음악을 알려 준 친구, 운동을 하게 한 친구들이 있습니다. 저는 친구들 덕분에 그 많은 걸 즐길 수 있게 되었지요. 또한 친구들 덕분에 새로운 생각을 갖게 되었고 새로운 방식으로 살아갈 수가 있게 되었지요.

처음에 우리는 자유롭고 싶어서 모인 사람들이었습니다. 하지만 이제는 잘 안답니다. 우리는 각자의 자유를 인정받기 위해서 모인 사람들이 아니라, 서로를 자유롭게 해 주기 위해서 모였다는 걸 말이지요.

여러분은 어떻게 생각하세요? 혹시 엄마나 아빠가 여러분의 자유를 억압한다고 생각하세요? 물론 그럴 수도 있을 겁니다. 하지만 한 번만 더 생각해 보세요. 부모님이 자유를 빼앗았기 때문에 자유가 없는 게 아닐지도 모릅니다. 애초에 여러분에게는 자유가 없었는지도 모릅니다. 자유란 지키는 게 아니라 만드는 것이지요. 예전에는 할 수 없었던 것을 할 수 있게 되었을 때, 예전에는 생각지도 못했던 것을 생각하게 되었을 때, 여러분에게 자유가 생겨난 겁니다.

여러분 중 누군가는 이렇게 물을지도 모르겠습니다. 내가 어떤 것을 좋아하고 즐기는 것과 얽매여 있는 것을 어떻게 구분할 수 있느냐고요. 그 구분은 그렇게 어렵지 않습니다. 컴퓨터 게임을 하지 말아 보세요. 혹시 불안하고 공부도 잘 안 되고 이상하게 신경질이 나세요? 그럼 여러분은 반쯤은 컴퓨터 게임의 노예가 된 겁니다.

나에게는 컴퓨터 게임을 할 자유가 있다고 아무리 소리쳐 봐도 쓸데없는 일입니다. 게임이든 무엇이든 여러분의 즐거움을 위해서 자유롭게 이용할 수 있을 때, 여러분은 비로소 자유로운 것입니다. 어

● 앙리 베르그손(1859~1941)

베르그손은 아주 섬세하고 조용한 철학자였습니다. 그는 학창시절부터 공부 잘하고 예의도 바른 모범생이었답니다. 똑똑한 학생들만 다닌다는 고등사범학교도 아주 우수한 성적으로 마쳤죠. 22세에는 교수자격시험에 합격했고 41세엔 콜레주 드 프랑스의 교수가 되어 프랑스 최고 지성임을 인정받았지요. 한마디로 공부 잘하는 엘리트 학자였던 셈입니다. 베르그손은 의식과 기억 등 인간 내면에 대해 놀라운 주장들을 펼쳤는데요.

('철학자 작은 사전(130쪽)'에서 이어집니다.)

떤 일을 그만둘 수 없기 때문에 하는 것은 여러분이 그만큼 무능력하고 자유롭지 않다는 말입니다. '베르그손'이라는 철학자의 말을 빌리자면, 우리는 다르게 행동할 수 있을 때 비로소 자유롭다고 할 수 있습니다.

● 연구공동체 수유＋너머

수유+너머 남산의 강의실에서 어린이들과 어른들이 함께 공부하고 있다.

제가 공부하며 살아가는 연구자들의 공동체지요. 전 여기서 아이도 키우고 밥도 해 먹고 세미나도 열고 강의도 하고 그래요. 사람들은 저마다 공부를 해서 무언가 되고 싶어 합니다. 여러분도 미래에 원하는 직업을 얻기 위해 열심히 공부하고 있겠지요. 하지만 저희는 그냥 평생 공부를 하며 살았으면 좋겠어요. 이상하게 들릴지 모르지만 공부하는 게 좋아요. 농부가 기른 곡식과 노동자가 만든 물건 덕택에 우리가 살아가는 것처럼, 우리의 공부도 우리 자신과 다른 사람들의 삶에 도움이 되었으면 좋겠다는 생각도 하고요.

수유＋너머가 생겨난 것은 지금으로부터 10여 년 전이에요. 누군가는 철학을 공부하고, 누군가는 소설을 쓰고, 누군가는 한문을 읽고, 누군가는 그림을 연구했지만, 모두의 바람은 똑같았어요. 자유롭게 공부하는 것, 또 자기가 하는 공부에 갇히지 않고 친구들로부터 다양한 공부를 배우는 것. 친구가 선생님이고, 선생님이 친구가 될 수는 없을까. 우리는 그런 방법을

수유+너머에서는 함께 밥을 지어 먹고 생활하며 공부한다.

찾아보자고 했어요. 그런데 우리에게는 고민이 하나 있었죠. 그건 돈이 많지 않다는 거예요. 직업이 없으니 먹고 사는 게 막막했어요.

하지만 우리는 곧이어 중요한 사실 하나를 알게 되었죠. 우리가 함께 모여 공부하는 게 공부만이 아니라 생활에도 큰 도움이 된다는 걸요. 공부도 함께 하지만, 밥도 함께 지어 먹고, 아이도 함께 키우니까 돈이 별로 들지 않는 거예요. 지금까지는 그냥 공부만 하고 싶다고 생각했는데, 그 공부라는 게 결국 우리 삶과 연결되어 있음을 알게 되었어요. 좋은 앎과 좋은 삶은 나란히 간다는 것도요. 무엇을 공부하는지도 중요하지만, 그 공부를 누구와 어떻게 하는지도 중요해요. 우리 삶을 바꿀 수 있는 공부, 옆에 있는 사람과 함께 할 수 있는 공부가 필요하다고 생각해요. 지금 수유+너머에서는 나이 어린 친구들부터 연세 지긋하신 할머니 할아버지까지 모두 함께 공부하고 있답니다.

철학은 친구가 되는 겁니다

로빈슨의 하인 프라이데이

우리는 혼자 있을 때 자유롭다고 생각하기 쉽지만 사실은 반대입니다. 혼자 있을 때 우리는 그렇게 자유롭지 못해요. 오히려 아담처럼 유치한 공상에 빠져 있기가 더 쉽지요. 게다가 사람은 누구나 자신이 빠져 있는 습관이나 편견 등을 알아차리기 어려워요. 그래서 이런 격언도 있답니다.

"사람들은 누구나 자신에게 가장 눈이 멀었다."

멀리 있는 남을 보기는 쉬워도 정작 자기 자신을 보는 것은 어렵다는 말입니다.

여러분 로빈슨 크루소 이야기 아시죠? '대니얼 디포'라는 영국 작가가 아주 오래 전에 쓴 이야기입니다. 여러분들도 잘 알고 있듯, 로빈슨은 배가 풍랑을 만나 파괴되고 선원들도 모두 죽고 난 뒤, 외딴 섬에서 혼자서 살아갑니다. 그는 밭도 새로 일구고 짐승들도 길들이고 성경도 읽고, 비록 혼자였지만, 그는 문명인으로서 꿋꿋하게 살아갑니다.

그가 혼자 산 지 25년 쯤 되었을 때, 한 무리의 야만인들이 찾아오지요. 그때 그는 다른 야만인들이 죽이려 하던 한 야만인을 구해 냅니다. 그리고 그에게 '프라이데이', 즉 '금요일'이란 이름을 주지요. 로빈슨은 프라이데이에게 말도 가르치고 일도 가르칩니다. 한마디로 야만인을 문명인으로 만들지요. 그리고 몇 년이 또 지난 후 섬에 찾아온 배를 타고 영국으로 돌아갑니다. 이것이 대강의 줄거리입니다.

그런데 프랑스 작가 미셸 투르니에는 디포의 로빈슨 이야기를 다시 썼답니다. 투르니에는 디포의 이야기가 맘에 들지 않았어요. 로빈슨은 무인도에서 혼자 살았지만, 새로운 삶을 살기는커녕, 당시 제국주의자들처럼 그 섬을 정복하고 식민지로 만들었다는 거죠. 게다가 프라이데이를 야만인 취급한 것도 아주 못마땅했습니다.

애당초 로빈슨은 프라이데이에게 뭔가를 배울 생각도 하지 않았어요. 단지 자신은 문명인이고 프라이데이는 야만인인데 자신이 프라이데이를 문명화시켰다고 자랑하고 있을 뿐이지요. 자연을 이해하고 느끼기보다 개발하려 들고, 다른 사람과 교류하기보다 그 사람을 하인으로 만들어 버리는 로빈슨의 태도가 투르니에는 너무 못마땅했습니다.

로빈슨의 친구 방드르디

투르니에가 새로 쓴 로빈슨 크루소 이야기의 제목은 『방드르디』랍니다. 방드르디란 프랑스말로 '금요일'을 뜻합니다. 즉 로빈슨에게 찾아온 낯선 친구, '프라이데이'를 제목으로 한 것이지요. 제목을 『로빈슨 크루소』라고 하지 않고, 『방드르디』라고 한 것, 참 기발하지요?

『방드르디』도 큰 줄거리는 비슷합니다. 로빈슨은 배와 사람들을 잃고 외딴섬에 도착합니다. 처음에는 극도의 혼란에 빠져 있었는데 차츰 정신을 차리지요. 곧이어 그는 섬을 개간하고 짐승을 길들이고 달력을 만들고 성경을 읽고 법과 제도를 만듭니다. 예전에 자기가 살던 사회의 모습을 이 섬에다 옮겨 놓은 것이지요. 그가 만든 헌법의 첫 조항은 자신이 이 섬의 총독이며 섬에 대한 통치권을 갖는다는 내용이었습니다.

방드르디를 만났을 때도 그는 이렇게 생각했습니다.

"하느님은 나에게 동료를 보내 주셨다. 그러나 참으로 알 길 없는 성스러운 뜻에 따라 그분은 인간 중에서도 가장 밑바닥에 있는 이를 보내 주셨다."

그리고 이런 결심을 합니다.

"나는 내가 여러 해에 걸쳐 완벽하게 만들어 놓은 체제에 나의 노예를 복종시키겠다."

새로 만난 이에게 이름을 주어야 하겠지만 아직 야만인이기 때문에 기독교의 세례명을 주고 싶진 않았던 모양입니다. 그래서 그냥 그를 구한 날인 '금요일'로 이름을 짓지요. 그는 방드르디를 온전한 사람으로 보지 않았습니다. 그냥 사물과 사람 사이쯤 된다고 말하지요.

하지만 차츰 로빈슨은 변해 갑니다. 그는 방드르디가 가진 대단한 능력을 조금씩 알아보기 시작하지요. 방드르디는 동물들과도 금세 친해지고 구름이나 물의 흐름도 잘 읽어 냅니다. 방드르디는 동물들을 친구로 삼습니다. 로빈슨 자신은 동물들을 모두 가축으로 만들어

● 대니얼 디포(1659~1731)·미셸 투르니에(1924~)
대니얼 디포는 우리가 너무 잘 알고 있는 소설 『로빈슨 크루소』의 저자입니다. 영국에서 활동했지요. 당시에는 소설이 지금 같은 형식을 갖추고 있지 않을 때였죠. 그래서 영국에서 디포는 종종 근대 소설의 선구자처럼 평가되기도 한답니다. 투르니에는 『방드르디』의 작가입니다. 그런데 투르니에의 생일과 소설 속 로빈슨 크루소의 생일이 같아요. 둘 모두 12월 19일생이죠. 투르니에는 일찍부터 철학 교수가 되는 꿈을 가졌대요. 그런데 대학교수 자격시험에서 낙방을 했어요. 그러고는 작가가 되어 쓴 첫 책이 이 『방드르디』입니다.

('철학자 작은 사진(133쪽)'에서 이어집니다.)

버리는데 말이지요. 방드르디가 동물과 친구가 되고 자연의 변화를 잘 읽어 내는 것은 자신의 마음을 열고 자연에 귀를 기울이기 때문일 겁니다. 그와 반대로 로빈슨은 자기 세계에만 갇혀 있었기 때문에 그런 걸 알 길이 없었던 거지요.

섬에서 일어난 우연한 폭발로 로빈슨은 자신이 만든 모든 걸 잃게 됩니다. 그런데 바로 그때 로빈슨은 깨닫습니다. 방드르디는 하인이 아니라 친구이고 형제라는 거지요. 마음을 고쳐먹으니 방드르디로부터 배울 게 너무 많았어요.

로빈슨은 방드르디에게 몸을 단련하는 법도 배우고 자연과 교감하는 법도 배웁니다. 방드르디와 놀면서 로빈슨은 섬에 대한 생각도 바꿉니다. 처음에 로빈슨의 눈에는 그 섬이 개간해야 할 황무지로 보였습니다. 그런데 다시 보니 섬은 많은 생명이 더불어 살고 있는 풍요로운 땅이었지요. 나중에 영국의 배가 섬에 왔을 때, 로빈슨은 영국으로 돌아가길 거부합니다. 그는 섬에 남기로 결심하지요. 디포의 로빈슨 이야기와 완전히 다른 결말이지요.

이 두 명의 로빈슨 이야기, 여러분은 어떻게 생각하세요? 우리는 로빈슨 크루소라는 이름을 들으면 무인도에서 혼자 있는 사람을 떠올립니다. 하지만 로빈슨이 혼자였던 이유는 사실 그 자신의 탓도 크지요. 왜냐하면 그는 친구를 맞이할 준비가 되어 있지 않았어요. 그 자신이 누군가의 친구가 되려고 하지 않았어요. 바로 그랬기 때

문에, 동물들도 프라이데이도 그의 친구가 되지 못하고, 그저 가축이 되고 하인이 되었을 뿐이지요. 친구가 될 수 없는 사람은 친구를 가질 수도 없답니다.

여러분 주변에는 그런 사람이 없나요? 혼자서 잘난 사람 말이에요. 그런 사람은 여럿이 함께 있어도 무인도에 있는 거나 마찬가지지요. 투르니에의 소설에서 로빈슨은 결국 자기 맘을 열고 주변에 귀를 기울이게 됩니다. 바로 방드르디를 친구로 받아들이면서요. 방드르디는 당시 영국 문명에 길든 로빈슨을 깨우쳐 줍니다.

앞에서 제가 말했지요. 우리는 자신을 지배하는 습관이나 통념에서 벗어날 때 비로소 자유롭다고요. 로빈슨은 방드르디라는 친구 덕분에 그렇게 되었지요. 혼자였을 때 자유로웠던 게 아니라 친구를 만나면서 자유로워진 것이지요. 로빈슨은 방드르디에게 주인이 아니라 친구로 다가갔기 때문에 방드르디와 진정한 친구가 될 수 있었습니다.

서로에게 야전 침대와 같은 친구가 되세요

어떤 철학자들은 이런 말을 합니다.

"진리를 안 사람은 그것으로 충분하니 친구가 없어도 된다."

진리를 깨달으면 누가 인정해 주지 않아도 큰 기쁨이 생겨난다는 뜻에서 한 말이겠지요. 하지만 그 말을 오해하는 사람들은 철학이란 혼자서 하는 거라고 생각합니다. 더 심한 경우에는 자기 혼자서 진리를 차지할 수 있다고 생각하고, 또 그렇게 되고 싶다는 망상에 빠지기도 합니다.

고대 철학자 에피쿠로스는 누군가 "진리를 안 사람은 그것으로 충분하니 친구가 없어도 된다."고 말했을 때 버럭 화를 냈다고 합니다. 그러고는 이렇게 대꾸했답니다.

"그런 현자가 있다면 그는 먹이를 혼자서 먹으려 하는 늑대나 사자와 다를 바 없다."

정말로 철학을 하는 사람, 지혜로운 사람은 자신이 얻은 지혜를 혼자서 갖는 것이 아무런 의미도 없다는 걸 잘 안답니다. 오히려 그

● 에피쿠로스(기원전 341~270)

알렉산더 대왕이 죽고 그리스가 점차 몰락해 가던 헬레니즘 시대의 대표적인 철학자 중 한 사람입니다. 보통 '쾌락주의자'로 알려져 있는데요. '쾌락주의자'라는 말은 별로 좋은 느낌을 주지 않지요? 몸과 맘을 상해 가면서까지 뭔가에 탐닉하는 사람 같죠. 하지만 이는 에피쿠로스의 가르침과는 거리가 멀어요. 에피쿠로스가 최고로 친 것은 몸의 건강과 정신의 평안—이를 '아타락시아'라고 부릅니다—입니다.

('철학자 작은 사전(127쪽)'에서 이어집니다.)

것을 함께 나눌 때 기쁨이 더 커진다는 것을 알지요.

하지만 철학을 친구와 함께 해야 하는 더 중요한 이유가 있습니다. 아담이나 로빈슨을 생각해 보세요. 혼자의 힘으로는 '다른 생각', '다른 삶'을 만들어 내기가 어렵습니다. 혼자서 나의 편견과 습관에서 벗어나는 것은 정말 힘들지요. 어떤 철학자가 말했듯이, 사람들은 자기 자신에 대해서 가장 모르지요. 남의 잘못, 남의 문제는 빨리 알아차려도 정작 자기의 한계를 보지 못하는 게, 우리들 아닌가요?

여러분, 지혜를 친구에게 나누어 주기 이전에 지혜를 얻기 위해서도 친구가 필요하답니다. 공부해서 친구를 돕는 것도 중요하지만, 공부를 위해서도 친구가 필요하답니다. 나를 지켜볼 수 있고 나에게 힘을 주는 친구가요. 바로 지금 여러분 옆에 있는 바로 그 친구들이요. 여기서 친구들이란 학교 친구들일 수도 있고, 부모님일 수도 있고, 선생님일 수도 있어요.

어떻게 하면 좋은 친구를 구할 수 있는지 궁금하세요? 가장 빠르고 확실한 길이 있어요. 여러분 자신이 누군가에게 그런 친구가 되어 주는 겁니다. 두 로빈슨 이야기를 떠올려 보세요. 먼저 친구로 다가서는 사람만이 친구를 얻는답니다.

좋은 친구를 사귀려면 먼저 여러분 자신이 좋은 친구가 되어야 합니다. 그런데 어떤 친구가 좋은 친구일까요? 니체는 이런 말을 했답니다.

"친구란 야전 침대와 같아야 한다."

야전 침대 아세요? 군인들이 전쟁 중에 사용하는 침대인데, 요즘에는 등산 갈 때 챙겨가기도 하지요. 설치하는 건 쉽지만 집에 있는 침대만큼 편하지는 않아요. 그런데 니체는 왜 친구를 그렇게 불편한 야전 침대와 같아야 한다고 했을까요?

침대는 사람들을 쉬게 해 주지요. 친구는 누군가에게 침대처럼 쉴 수 있는 사람입니다. 친구가 힘들 때 찾아와서 고민도 털어 놓고 쉬어 갈 수 있는 사람, 그런 사람이 되어야겠지요? 하지만 너무 푹신한 침대는 곤란해요. 친구가 마냥 쉬고만 있으면 안 되니까요. 그래서 조금 쉰 뒤에는 다시 힘을 내고 일어설 수 있도록 조금 딱딱한 침대가 될 필요가 있어요.

● **프리드리히 니체**(1844~1900)

'신은 죽었다.'는 말로 아주 유명한 철학자죠. 니체의 책 중에 『우상의 황혼』이 있는데요. 그 부제가 '망치를 들고 철학하는 법'이에요. 우리가 별 의심 없이 받아들이고 떠받드는 진리나 도덕, 우리에게 우상이 된 가치들을 그는 여지없이 내리치지요. 그렇다고 그가 무분별한 가치 파괴자이거나 허무주의자인 것은 아니에요. 니체를 읽어 보면 그가 정말 용감하다는 걸 알게 될 거예요.

('철학자 작은 사전(129쪽)'에서 이어집니다.)

좋은 친구란 마냥 친구 말에 맞장구를 쳐 주고 무조건 친구를 껴안아 주는 게 아니랍니다. 때로는 친구가 정신을 차릴 수 있도록 따끔한 말을 해야 할 때도 있어요. 어떤 때는 싸울 수도 있어야 하고요. 서로를 일깨워 주려면 사랑만큼이나 싸움이 끊이질 않아야 해요.

아니 서로 사랑하기 때문에 싸울 수 있어야 하지요. 그래서 니체는 친구를, 침대이기는 하지만 딱딱한 침대인 야전 침대라고 했나 봅니다.

여러분 서로에게 그런 친구가 되세요. 서로를 생각하게 해 주는 사람, 서로를 공부하게 만드는 사람, 서로를 자유롭게 만들어 주는 사람, 여러분 그런 사람이 되세요.

삶을 친구로 대하는 법, 운명과 친구가 되는 법

철학을 한다는 것은 정말로 우정을 쌓는 일이라고 할 수 있습니다. 철학을 영어로는 필로소피라고 하지요? 앞에서 말했던 것처럼, 이 말은 그리스어 필리아와 소포스가 합쳐진 말입니다. 여기서 필리아는 사랑, 특히 '우정'을 뜻하지요. 그렇게 보면 철학은 '지혜와 우정을 맺는다.'는 뜻이기도 해요. 철학이 삶을 가꾸는 기술이고, 그 기술을 우리가 '지혜'라고 부른다면, 사실 '지혜에 대한 우정'은 '삶에 대한 우정'이기도 하지요.

철학을 하면 진리를 알게 되느냐고 묻는 사람이 있습니다. 그 진리가 무엇이냐에 따라 대답은 달라질 것입니다. 하지만 분명한 것은 철학자가 뭔가를 깨달았다고 해서 그가 세상일에 통달했다거나 점쟁이처럼 일어날 일을 미리 맞출 수 있는 것은 아닙니다. 아무리 대단한 철학자라 해도 갑자기 일어난 사고를 피할 수는 없습니다. 물론 감기에도 걸리고요. 철학을 했다고 해서 행운이 많이 찾아오는 것도 아닙니다.

그럼 도대체 철학자는 무엇을 깨닫는 것일까요? 제가 철학을 '삶을 가꾸는 기술'이라고 불렀지요? 훌륭한 철학자는 삶을 대하는 법이 다르답니다. 한마디로 그는 삶과 사귀는 법을 잘 알아요. 자기 운명을 친구로 삼는 법을 알지요. 도대체 무슨 말이냐고요?

우리가 어떤 일이 어떻게 일어날지를 미리 알기는 어렵습니다. 사실 세상일이 그렇게 미리 정해져 있는 것도 아닐 겁니다. 하지만 우리가 그 일을 어떻게 대하느냐는 매우 중요합니다.

어떻게 대하느냐에 따라 어떤 일은 큰일이 되기도 하고 아주 사소한 일이 되기도 한답니다. 어떤 일은 우리에게 커다란 슬픔을 주기도 하지만 우리가 다른 방식으로 대하면 오히려 기쁜 일이 되기도 하지요.

아래 이야기는 제가 『피아노의 숲』이라는 만화책에서 본 내용인데요. 아마도 여러분께 좋은 예가 될 것 같네요.

이 만화에는 피아노를 잘 치는 두 명의 어린이가 나옵니다. 한 아이의 이름은 슈우헤이이고 다른 아이는 카이입니다. 슈우헤이와 카이는 같은 학교를 다닌 아주 친한 사이지요. 슈우헤이 아버지는 유명한 피아니스트였고 슈우헤이 역시 아버지처럼 유명한 피아니스트가 되는 것이 꿈입니다. 반대로 카이는 집도 가난했고 아버지도 없었지요. 카이는 숲에 버려진 고장 난 피아노를 치며 놀았습니다. 하지만 카이의 재능은 대단했어요. 어떤 소리를 들으면 그것을 금세 피아노로 옮겨 칠 수 있었지요.

슈우헤이와 카이는 가정 환경도 달랐지만 무엇보다 피아노를 대하는 태도가 달랐어요. 슈우헤이는 대단한 노력파였답니다. 매일 피아노를 열심히 쳤지요. 실수를 하지 않기 위해서 정말로 피나는 연습을 했어요. 친구인 카이를 이겨야 한다는 생각도 컸어요. 하지만 카이는 피아노를 놀이처럼 즐긴답니다. 그는 피아노를 친구처럼 생각합니다. 울적한 기분이 들 때도, 기쁜 일이 있을 때도 그는 숲 속 피아노에게 달려가지요.

어느 날 두 사람은 피아노 콩쿠르에 나가게 되었습니다. 베토벤의 「월광 소나타」를 연주해야 했지요. 열심히 연습한 슈우헤이는 단 한 군데도 틀리지 않고 완벽하게 연주했습니다. 교과서 같은 연주였지요. 관객 모두가 완벽한 연수에 감탄했지만 한편으로는 뭔가 부족하다고 느꼈습니다. 슈우헤이의 연주에서는 어떤 개성이 느껴지지 않

았거든요.

그럼 카이의 연주는 어땠을까요? 카이가 연주를 시작하자마자 사고가 일어납니다. 정말 급작스러운 사고였지요. 카이는 피아노 건반을 너무 세게 누르는 습관이 있었는데, 그 때문이었는지 피아노 줄 하나가 끊어진 겁니다.

만약 슈우헤이였다면 이 사태를 어떻게 생각했을까요? 아마 그는 신을 크게 원망했을지 모르겠습니다. 그토록 열심히 연습을 해 왔는데 왜 하필 콩쿠르 연주에서 그런 사고가 일어나느냐고요. 자기 운명이 불행하다고 생각했을지도 모르지요. 하지만 카이는 달랐답니다. 카이는 아주 태연하게 「월광 소나타」를 편곡해 버렸어요. 피아노 건반 하나가 고장이 났기 때문에 본래대로 연주할 수가 없었지요. 그래서 그는 곡을 조금 바꾼 겁니다. 그런데 카이가 편곡한 베토벤의 소나타는 관객들에게 이상한 감동을 주었어요. 한 번도 그런 「월광 소나타」는 들어 보지 못했거든요. 카이의 연주는 무척 감미로운 분위기를 자아냈습니다.

여러분, 누구도 우연히 일어난 일을 막을 수는 없답니다. 어떤 훌륭한 연주자에게도 이런저런 사고는 생기게 마련이지요. 그런데 정말 훌륭한 연주자는 그 사고를 탓하며 슬퍼하는 대신 그것을 어떻게는 요리해 보려고 한답니다. 어쩌면 그런 사고는 새로운 연수 기법을 생각할 수 있는 기회일 수도 있거든요.

세상에서 일어나는 일, 특히 자기가 예상하지 못한 일이 일어나는 것을 막으려 애쓸 필요는 없어요. 그것은 불가능하기도 하지만 지혜로운 태도도 아니지요. 그보다는 그런 일을 즐기는 법을 찾아보세요. 철학을 한다는 것은 바로 그런 우연들을 사귀는 법을 배우는 일이랍니다. 자기 운명과 친구가 되는 것이지요. 그럼 우리는 세상일을 미리 알지 못해도 꽤 즐거운 삶을 살아갈 수 있답니다.

철학은 행복이고 우정이고

자유이고 공부입니다

이제 철학 이야기를 마칠 때가 되었네요. 지금까지 제 말이 어려웠을지도 모르겠어요. 특히 뒤쪽으로 올수록 어려운 이야기가 많았지요? 그럼 여기서 정리를 해 볼게요.

처음에 저는 철학을 '잘 사는 기술'이라고 불렀어요. 잘 산다는 것은 행복하게 산다는 말이겠지요? 철학은 삶을 잘 가꾸는 기술, 즉 행복하게 사는 기술이지요. 그런데 행복한 삶을 위해서 철학이 제시한 기술은 무엇이었지요? 네, 맞습니다. 바로 생각하는 것이었지요. 철학은 잘 살기 위해서 '생각을 하자'고 말합니다.

그럼 생각한다는 것은 어떤 뜻이었지요? 네, 그래요. 그것은 깨어 있는 것입니다. 다르게 생각할 수 있는 것, 다르게 행동할 수 있는 것을 말합니다. 생각 없이 그저 관성대로, 습관대로 살지 않는 것이지요. 남들이 한다고 그냥 무턱대로 따라 하는 것도 아니고, 누가 시켰다고 무조건 복종하는 것도 아니고요. 물론 책이나 신문에 나왔다고 무조건 믿는 것도 아니지요. 잠자면서 걸어 다니는 사람처럼 살아서는 안 됩니다.

그래서 생각한다는 것은 습관이나 관습, 동념, 편견 등에서 벗어나는 겁니다. 생각한다는 것은 한마디로 '다르게 생각하는 것'이지요. 새로운 생각을 낳을 때 우리는 그때 '생각한다'는 말을 쓸 수 있습니다. 저는 그것이 새로운 삶을 낳는 일이라고 말했지요? 우리가 새로운 생각, 새로운 삶을 낳을 때, 우리는 예전처럼 살지 않을 겁니다. 그때 우리는 무언가를 배운 것이고요. 그것이 공부입니다.

여러분, 공부는 쉬지 않고 해야 합니다. 생각하기를 멈추지 않는 한 우리의 공부도 멈추지 않을 겁니다. 놀지 말고 만날 책만 읽으라는 말이 아닙니다. 놀이도 공부가 될 수 있지요. 우리에게 다른 생각, 다른 삶을 만들어 준다면요.

"이만큼이나 공부했으니 이제 공부는 필요 없어."라고 말하는 것은 잘못입니다. 우리는 걸을 때도, 이야기할 때도, 놀 때도 배울 수 있습니다. 더 이상 배우지 않으려는 사람, 더 이상 공부하지 않으려는 사람은 어리석은 고집쟁이가 될 뿐입니다.

공부가 우리를 자유롭게 만들어 줍니다. 자유란 공부가 우리에게 주는 선물이지요. 편견이나 습관, 통념에서 벗어나는 순간에 우리는 자유를 느낍니다.

"나는 여기까지야."라고 말하지 마세요. 그런 한계에서 한 발 더 나아갈 때 자유가 시작된답니다. 그러고 보니 한계는 우리의 자유가 끝나는 곳이 아니라 시작되어야 하는 곳이라 할 수 있겠네요.

하지만 여러 번 말했듯이, 혼자서는 자기 한계를 넘어서기 어렵습니다. 공부할 때는 친구가 필요합니다. 여러분 철학은 친구와 함께 하는 것입니다. 하지만 친구를 갖기 위해서는 먼저 친구가 되어야 합니다. 여러분 누군가의 친구가 되세요. 무엇보다도 여러분의 삶, 여러분의 운명과 친구가 되세요.

이런저런 이야기를 여러분께 들려 드리고 보니, '철학을 한다' 는 말은 참으로 여러 말과 통하는 것 같네요. 행복하게 산다는 것, 생각한다는 것, 공부한다는 것, 자유롭다는 것, 친구를 만든다는 것, 이 모든 말들이 '철학을 한다' 는 말과 통하는 것 같습니다.

이것으로 저의 긴 철학 이야기를 마칠게요. 고맙습니다.

철학자 작은 사전

● **소크라테스**(기원전469년~399년)

철학에 별 관심이 없는 사람도 소크라테스라는 이름을 들어 봤을 거예요. 서양 철학의 토대를 닦은 사람이라는 평가를 받습니다. 그런데 그가 진짜 어떤 사람이었는지를 알려 주는 기록은 많지 않아요. 플라톤, 크세노폰, 아리스토텔레스의 책, 그리고 아리스토파네스의 희극 정도가 있을 뿐이지요. 문제는 소크라테스에 대한 묘사가 책에 따라 많이 다르다는 겁니다. 그래서 어떤 이들은 그가 정말 실존했는지조차 의심하기도 하죠. 하지만 여러 면을 고려할 때 소크라테스는 실존한 인물이라고 본답니다.

오늘날 소크라테스의 철학이라고 하는 것은 대체로 그의 제자였던 플라톤의 작품에 그려진 것들이랍니다. 소크라테스는 플라톤의 작품 속 주인공 같은 사람이죠. 그는 무지한 척하며 상대방에게 가르침을 청한 후 논리의 허점을 파고들면서 결국 상대방이 무지함을 스스로 깨닫게 합니다. 그러고는 보편적 진리의 길로 나아가게 하지요. 이것을 소크라테스의 반어법과 산파술이라고 부릅니다. 소크라테스의 공격을 받은 사람은 마치 전기뱀장어에 쏘인 듯 꼼짝달싹 못했다고 합니다. 어떤 이들은 소크라테스가 진리를 반박과 재반박으로 이루어지는 검술 경기처럼 만들었다고 비판하기도 합니다.

하지만 저 개인적으로는 소크라테스의 삶을 무척 존경합니다. 무엇보다 독배를 마시고 숨을 거두는 그 마지막 순간까지 철학하기를 멈추지 않은 점 말입니다. 우리는 나이가 먹었다거나 건강이 나쁘다거나 가난하다거나 하는 여러 이유에서, 아직 죽음이 오지 않았는데도 은퇴자의 삶을 살려고 합니다. 하지만 소크라테스는 죽는 그 순간까지 자기 삶을 꽉 채워서 산 사람이지요.

● **디오게네스**(기원전 412년?~323년)

디오게네스는 오늘날 터키의 시노페에서 태어났습니다. 그리스 아테네에서 공부했고, 나중에는 코린트에서 살았지요. 소크라테스의 제자였던 안티스테네스의 제자로 알려져 있는데요. 스승이던 안티스테네스도 검소하게 살았지만, 디오게네스는 정말로 소유나 물욕에서 자유로웠던 사람입니다. 평생을 옷 한 벌과 자루 하나를 가지고, 길거리에서 굴러다니는 통 속에서 생활을 했지요.

그는 기이한 행동도 많이 했는데요. 대낮에 등불을 들고 사람을 찾는다고 말하기도 했고, 사람들 앞에서 자위행위를 한 일도 있어요.

디오게네스는 플라톤을 좋아하지 않았어요. 언젠가 플라톤이 인간을 '깃털 없는 두 발 달린 동물'이라고 하자, 디오게네스는 닭을 잡아서 털을 뽑는 '플라톤, 당신이 말한 인간'이라며 던졌다고 합니다. 플라톤은 화가 나서 그에게 '미친 소크라테스'라는 이름을 붙여 주었지요. 디오게네스는 플라톤이 어떤 이상에 현실을 꿰어 맞추고 있다고 본 것 같아요. 디오게네스는 고상한 말보다는 행동을 중시했고, 관념적인 이상보다는 현실의 삶을 중시한 사람이죠.

디오게네스는 부당한 권위에는 전혀 굴복하지 않았어요. 알렉산더 대왕과 주고받은 이야기를 보세요. 겁이 없지요. 하지만 그는 용감하기만 한 게 아니라 유머 감각도 있었죠. 그의 행동을 보는 사람들은 웃음을 터뜨렸습니다. 용기를 가진 사람도 드물지만, 디오게네스처럼 용기와 유머를 모두 가진 사람은 정말 드물지요. 참고로 플라톤은 '아카데미아'—오늘날 학교에 이런 이름이 많이 붙지요—라는 학교를 열어 제자를 가르쳤지만, 디오게네스는 길거리에서 가난한 사람들과 어울려 철학을 했어요. 그중에는 거지도 있었고 몸을 파는 여성도 있었지요. 사람들은 그의 유머와 지혜를 정말 사랑했던 것 같아요.

● **에피쿠로스**(기원전 341~270)
알렉산더 대왕이 죽고, 그리스가 점차 몰락해 가던 헬레니즘 시대의 대표적인 철학자 중 한 사람입니다. 보통 '쾌락주의자'라는 말로 알려져 있는데요. '쾌락주의자'라는 말은 별로 좋은 느낌을 주지 않지요? 몸과 맘을 상해 가면서까지 뭔가에 탐닉하는 사람 같죠. 하지만 이는 에피쿠로스의 가르침과는 거리가 멀어요. 에피쿠로스가 최고로 친 것은 몸의 건강과 정신의 평안—이를 '아타락시아'라고 부릅니다—입니다.

'쾌락주의자'라는 말은 그의 가르침을 크게 왜곡하는 거죠. 그는 자기 삶을 망치는 허깨비에서 벗어나기 위해, 헛된 욕심이나 근거 없는 공포에서 벗어나는 법을 일러 주려고 했어요. 특히 죽음을 두려워하는 사람들에게 이렇게 말했지요. "너는 살아 있는 한 죽지 않았고, 죽으면 존재하지 않으니, 죽음이란 아무것도 아니다." 죽음에 대해 근심할 시간이 있으면 제발 '삶'에 대해서 성찰하라고 했지요. 그의 철학은 한마디로 행복을 위한 기술이었습니다. 얼마나 그 기술에 자신이 있었는지, 빵과 물만으로도 신의 행복에 도전할 수 있다고 했답니다. 행복을 위해 많은 게 필요하지는 않다는 겁니다.

그가 기원전 307년경에 만든 학교가 아주 유명합니다. 학교라고 했지만 우리가 알고 있는 그런 학교가 아니라 그냥 정원이었지요. 그런데 그 정원에는 철학자들만이 아니라 그의 친구들, 아이들, 심지어 노예와 몸을 파는 여성들도 있었어요. 사람들은 이들이 함께 있었다는 이유로 온갖 이상한 상상을 하면서 에피쿠로스를 비난했어요. 하지만 그의 정원은 공부를 함께 하며 우정을 키우는 곳이었던 것 같아요. 그들이 주고받은 편지를 보면 신분, 나이, 성별 등을 뛰어넘는 사랑과 우정을 느낄 수 있어요. 그는 살아 있는 사람이라면 그 누구도 즐겁게 살 권리가 있고, 따라서 그 기술을 가르치는 철학을 할 자격이 있다고 보았답니다.

● **르네 데카르트**(1596~1650)

데카르트는 서양 근대 철학에서 매우 중요한 인물 중 한 사람이지요. 어떤 이들은 그를 근대 철학의 아버지라고도 부른답니다. 프랑스에서 나고 자랐지만 네덜란드에서 보낸 시간이 많아요. 근대 서양에서는 자연 과학의 발전이 두드려졌는데요, 데카르트는 여기에 부합하는 철학적 개념과 시각을 제공했다고들 하지요.

데카르트는 경험적으로 확인 불가능한 주장들이 많았던 중세의 형이상학을 비판하면서, 인간과 자연에 대한 검증 가능한 지식을 추구했답니다. 그는 의심의 여지가 없는 확실한 앎에 도달할 때까지 의심을 멈추지 말아야 한다고 했습니다. 그렇게 도달한 확실한 앎들로 지식의 체계를 세우려 했지요. 그는 '나는 생각한다. 그러므로 나는 존재한다.' 를 가장 빨리 도달한 확실성이라며 철학의 제1원리로 내세웠지요.

데카르트는 철학자로만 유명한 게 아니에요. 그는 수학 분야에서도 대단한 업적을 세웠어요. 특히 여러분이 수학 시간에 배운 X-Y 직교 좌표계 있잖아요. 다른 이름으로 데카르트 좌표계라고 불러요. 좌표를 이용해서 기하학 문제를 풀 수가 있었지요. 이 분야를 해석기하학이라고 하는데요, 데카르트 기하학이라고도 하지요. 데카르트 덕분이라고 해야 할지, 데카르트 탓이라고 해야 할지 모르겠지만, 여러분이 푸는 수학 문제 중 꽤 많은 게 데카르트와 관련이 있어요. 데카르트의 발상에 기초해서 뉴턴과 라이프니츠 등이 미분학을 만들어 낼 수 있었죠. 뿐만 아닙니다. 데카르트는 물리학에서도 중요한 기여를 했습니다. 운동량 보존이나 빛의 굴절에 대한 몇 가지 아이디어를 냈답니다.

● **베네딕트 드 스피노자**(1632~1677)

스피노자는 네덜란드 암스테르담에서 태어나 주로 헤이그 인근에서 살았어요. 유럽에서 종교 박해를 피해 네덜란드로 이주한 유복한 유대인 집안에서 자랐답니다. 아버지가 죽은 후 자세한 내막은 알 수 없지만 유대인 공동체에서 파문되었어요. 저주를 받으며 쫓겨난 거죠. 뿐만 아니라 한 광신자의 습격을 받아 죽을 뻔했답니다. 스피노자의 주장을 그만큼 위험하다고 생각했던 모양입니다. 그는 '모든 사람들이 사유를 사랑하는 건 아니다.'는 점을 기억하기 위해, 당시 칼에 찢긴 외투를 간직했다고 해요.

스피노자는 세속적인 부나 명예, 권력에 대해서는 관심이 없었습니다. 아버지의 유산도 포기했고 평생을 하숙생으로 살았지요. 한 번은 그를 회유하려는 권력자로부터 교수직 제안을 받기도 했습니다. 당시 군주들은 앞 다투어 학술원을 만들고 학자들을 옆에 두려 했어요. 학자들도 거기서 군주에게 인정받으려 안달을 했고요. 하지만 스피노자는 제안을 모두 거절했어요. 그런 기관들이 대중의 자유보다는 억압에 이용될 것이며, 자유로운 학문 활동에도 방해가 될 거라 생각했기 때문이죠.

스피노자는 신과 종교, 윤리, 정치 대한 대담한 견해를 펼쳐 보인 사람이었지만 성격은 매우 차분하고 침착했습니다. 어떤 전기에 따르면 스피노자는 딱 한 번 감정이 무너져 큰소리로 울었는데요. 사람들이 전쟁 공포와 민족주의 광풍에 빠져 자신들의 자유를 지켜 준 지도자를 잔인하게 죽이고, 자유를 억압하는 세력을 지지하는 걸 보고 그랬죠. 그러나 대중을 무시하거나 비난하지는 않았어요. 다만 왜 그렇게 된 건지 이해하려 했죠. 사람들은 왜 노예가 되는 길을 자유나 해방의 길인 듯 앞장 서 달려갈까. 그는 삶을 위축시키고 사람들에게 슬픔과 공포를 심어 주는 사상과 체제가 사람들을 그렇게 만든다고 보았어요. 그의 윤리학과 정치학은 오늘날에도 대중의 자유와 민주주의를 고민하는 많은 이들에게 깊은 영감을 주고 있답니다.

● **프리드리히 니체**(1844~1900)

'신은 죽었다.'는 말로 아주 유명한 철학자죠. 니체의 책 중에 『우상의 황혼』이 있는데요. 그 부제가 '망치를 들고 철학하는 법'이에요. 우리가 별 의심 없이 받아들이고 떠받드는 진리나 도덕, 우리에게 우상이 된 가치들을 그는 여지없이 내리치지요. 그렇다고 그가 무분별한 가치 파괴자이거나 허무주의자인 것은 아니에요. 니체를 읽어 보면 그가 정말 용감하다는 걸 알게 될 거예요.

그는 의사들이 환자들의 건강을 살펴보기 위해 무릎 같은 곳을 두드려 보는 진단 도구처럼 '망치'를 사용하기도 했거든요. 각 진리나 도덕이 옳은가 그른가보다, 어떤 주장이 진리로 받아들여지는지, 그런 진리는 그것을 말하는 사람에게 어떤 이로움과 해로움을 주었는지를 알아보려고 했지요. 한 걸음 더 나아가 건강하고 좋은 판단들을 낳는 토양은 어떤 것인지를 생각했어요.

사람들이 옳다고 믿고 높이 떠받드는 생각들을 니체처럼 비판하기는 쉽지 않아요. 니체는 '악마'라거나 '미쳤다'는 욕도 많이 먹었지요. 니체가 말한 몇몇 구절 때문에 그를 아주 무서운 사상가로 생각하는 사람들도 있어요. 하지만 그건 오해랍니다. 그는 어떤 철학자보다 유쾌하고 즐거운 생각을 많이 했어요. 무겁고 심각한 것을 니체만큼 싫어했던 사람도 없을 겁니다. 장난기가 많아서 그는 자기 글에 '나는 왜 이렇게 현명한가', '나는 왜 이렇게 좋은 글을 쓰는가'라는 제목을 달기도 했지요.

니체는 정말 박식하기도 했어요. 그는 우리가 아는 철학자하고는 생각하고 말하는 게 너무 달라요. 사람들의 감추어진 충동을 분석할 때 그는 심리학자 같고, 위생이나 생리적 문제를 다룰 때는 의사 같고, 환경이나 유전 문제를 언급할 때는 자연과학자 같고, 고문서들을 해독하는 걸 보면 문헌학자 같아요. 그의 다양한 지식들에 정말 감탄할 수밖에 없어요. 저는 니체가 서양 철학자 중 가장 자유분방한 영혼의 소유자가 아닐까 생각한답니다.

● 앙리 베르그손(1859~1941)
베르그손은 아주 섬세하고 조용한 철학자였습니다. 그는 학창시절부터 공부 잘하고 예의도 바른 모범생이었답니다. 똑똑한 학생들만 다닌다는 고등사범학교도 아주 우수한 성적으로 마쳤죠. 22세에는 교수자격시험에 합격했고 41세엔 콜레주 드 프랑스의 교수가 되어 프랑스 최고 지성임을 인정받았지요. 한마디로 공부 잘하는 엘리트 학자였던 셈입니다.

베르그손은 의식과 기억 등 인간 내면에 대해 놀라운 주장들을 펼쳤는데요. 의식을 그는 끊임없이 변화하는 연속적 흐름이라고 했어요. 이 흐름을 '지속'이라 불렀죠. 가령 연속하는 멜로디를 반으로 끊어 버리면 원래 멜로디의 반이 되는 게 아니라, 다른 감정을 불러일으키는 완전히 새로운 멜로디가 되고 말죠. 이처럼 지속은 길이나 넓이 같은 공간적이고 양적인 잣대로 잴 수가 없어요. 우리는 다만 물에 몸을 담그듯 지속 안으로 뛰어들 수 있을 뿐이지요. 그는 끊임없이 변화하는 흐름과 거기서 일어나는 질적 도약을 중시했어요. 우리의 자유와 창조성이 거기 달렸으니까요.

베르그손이 연구실에서만 평생을 보낸 건 아닙니다. 그에게는 장 조레스라는 친한 친구가 있었어요. 조레스는 프랑스 사회당을 만든 유명한 정치가죠. 그런데 제1차 대전이 임박했을 때 평화와 반전을 외치던 조레스가 암살을 당했어요. 베르그손은 큰 충격을 받았고, 평화와 반전을 위한 지식인 행동에 나서게 됩니다. 전쟁이나 인간의 윤리에 대해 고민을 많이 했지요. 하지만 또 제2차 대전이 일어났어요. 참 슬펐을 겁니다. 그는 전쟁이 한창일 때 숨을 거두며 이런 말을 했다고 하네요. "여러분 5시입니다. 강의는 끝났습니다." 아마도 마지막 순간 강의실이 떠올랐나 봐요. 천직이 학자였던 것은 부인할 수 없나 봅니다.

● **한나 아렌트**(1906~1975)
독일 하노버에서 태어나 칸트가 살던 쾨니히스베르크에서 청소년기를 보내고, 대학에서는 하이데거와 야스퍼스로부터 철학을 공부했습니다. 하지만 독일에서 나치즘이 득세하면서 유대인이던 그녀는 부당한 일을 많이 당했지요. 박사 학위를 받았지만 유대인이라는 이유로 교수 자격을 획득할 수가 없었고, 유대인 활동가들을 도왔다는 이유로 독일 비밀경찰에 끌려가 조사를 받기도 했어요.

그녀는 결국 프랑스로 망명했고 거기서 유대인 난민들을 돕는 활동을 합니다. 그러나 프랑스까지 나치의 힘이 미치자 다시 미국으로 망명을 하지요. 프랑스 망명 때부터 무려 18년을 국적 없이 살았어요. 그러다가 1950년에 미국 시민권을 획득하고 대학 교수가 되었죠.

아렌트는 스스로를 정치 이론가라고 불렀는데요. 그녀가 연구한 주제들을 보면 그럴 만하다는 생각도 듭니다. 권력, 혁명, 폭력, 공화국, 전체주의 등에 대해 중요한 연구서들을 냈으니까요. 하지만 아렌트에게 '정치'라는 말이 갖는 의미는 남다릅니다. 그녀는 고대 그리스의 폴리스를 자주 언급하는데요. 폴리스는 공익을 위해 사람들이 자신만의 독특한 견해와 행동을 선보이는 장이었답니다. 거기서 자기 이익을 추구하는 사람은 비웃음을 받았대요. 아렌트는 자기 이익을 넘어서 행동할 수 있는 정치 능력을 가져야 비로소 인간이 될 수 있다고 했습니다. 그렇지 않다면 우리는 동물과 다를 바 없다고 본 거죠. 하지만 무엇이 공익이고 무엇이 사익인지, 폴리스에 들어갈 자격은 누구에게 있는지 등은 문제가 될 것 같아요. 여성이나 노예는 폴리스에 들어갈 수 없었거든요. 아렌트가 옆에 있다면 이런 걸 물어볼 수 있을 텐데요.

● **질 들뢰즈**(1925~1995)
20세기 후반 프랑스 철학자 중 아주 유명한 사람이죠. 한국에서도 최근 젊은 철학자나 문학가, 예술가들이 들뢰즈를 연구하고 있답니다. 그는 다른 철학자들에 대한 연구서를 많이 냈어요. 흄, 니체, 스피노자, 칸트, 라이프니츠, 베르그손 등에 대한 중요한 책들을 썼죠. 그런데 그 해석이 너무 독특해요. 들뢰즈는 자기 책을 '사생아'에 비유했는데요. 아버지가 없는 아이라는 뜻이죠.

가령 칸트에 대해 책을 썼는데, 칸트가 살아 있다면 자기 자식으로 인정하지 않을지도 모른다는 겁니다. 그렇다고 왜곡을 한 건 아니에요. 철학자의 말을 충실히 따르면서도 그동안 알려진 것과는 다른 모습을 만들어 낸 거지요. 철학자들만이 아니에요. 프루스트, 카프카 등의 소설가, 아르토와 베이컨 같은 예술가들, 그리고 영화에 대한 책도 썼죠.

소설가 투르니에는 이런 말을 했어요. "우리가 털실이나 고무공 같은 아이디어를 던지면 들뢰즈는 그것을 쇠로 된 대포알로 만들어 돌려준다." 동일한 것을 받지만 다른 것으로 돌려주고, 반복하지만 차이를 만들어 내는 것, 이것이 들뢰즈 철학의 중요한 면입니다. 그는 차이와 생성, 다양성을 누구보다 중시했어요. 어떤 것들이 만나 섞이고 연결될 때 서로 무엇이 되는지, 그 변화에 주목했죠. 들뢰즈의 삶 자체가 그런 면을 보여 줘요. 그는 정신 분석학자이자 사회 운동가였던 가타리를 만났습니다. 그는 가타리를 번개, 자신을 피뢰침에 비유했지요. 가타리는 들뢰즈의 철학에 매료됐고, 들뢰즈는 가타리에게 정치와 운동에 대해 많은 걸 배웠어요. 둘이 함께 독창적인 개념들을 많이 만들어 냈지요. 책 안에서 그들은 서로 구별할 수 없을 정도로 변신하고 합체했답니다.

들뢰즈는 1995년에 숨을 거두었습니다. 아파트에서 스스로 뛰어내렸어요. 하지만 이미 그 전에 호흡기에 큰 병이 생겨 폐와 기관지를 잘라 낸 상태였지요. 말하는 것도 연필을 잡는 것도 어려웠죠. 그는 산소 호흡기를 단 자기 모습을 '쇠사슬에 묶인 개'와 같다고 했어요. 그는 누구보다 삶을 사랑했지만 나이가 들고 죽음의 때가 오면 그것을 두려워해서도 안 된다고 가르쳤죠. 어찌 보면 그는 그 가르침에 충실했는지도 모르겠네요.

● 장 보드리야르(1929~2007)
얼마 전 세상을 떠난 프랑스 철학자입니다. 어떤 사람은 그를 사회학자로 부르기도 하고 문화 비평가로 부르기도 합니다. 정치 비평가, 사진작가로 부르는 사람도 있고요. 그만큼 다양한 활동을 한 사람입니다. 대학에서는 독일어를 전공했어요. 그래서 학교에서 독일어를 가르치기도 하고, 독일 작가들의 작품들을 여럿 번역하기도 했죠. 신문에 비평도 썼고요. 그러다가 교사 생활을 그만두고는 사회학과 철학을 공부했어요.

보드리야르를 유명하게 만든 주장 중의 하나는 '복제'나 '모사'가 '실재'나 '원본'을 대체한다는 겁니다. 언젠가 일본 애니메이션에 빠진 친구에게 들은 이야기인데요. 그 친구는 현실 세계가 너무 시시하대요. 게임이나 영화가 더 실감이 난다나요. 보드리야르 식으로 말하면, 가상 현실이 실제 현실보다 더 현실 같다는 거죠. 그는 소비문화에 대해서도 재밌는 말을 했어요. 현대인들은 물건을 살 때 그것의 쓰임새나 내구성보다는 이미지나 포장에 더 관심을 기울인다는 겁니다. 물건의 실질 사용 가치보다 기호적인 가치를 중시한다고요.

심지어 전쟁에 대해서도 마찬가지예요. 보드리야르는 걸프 전쟁이 일어났을 때 "걸프전은 일어나지 않았다."라고 주장했는데요. 현재의 우리에게 전쟁이란 텔레비전을 통해 중개되는 게임이나 영화 같은 것이 되어서, 피와 살이 튀는 참혹한 전쟁을 직접 겪지 않아요. 언젠가 신문에 난 이야기인데요. 어떤 미국 폭격기 조종사는 아침에 잔디를 깎다가 오후에 출격해서 목표물에 폭탄을 떨어뜨리고 돌아왔답니다. 누군가는 그 폭탄 때문에 피 흘리며 죽었겠지만, 그 조종사는 마치 목표물을 맞추는 게임을 한 느낌이었을 겁니다. 그러니 보드리야르가 우리가 보고 들은 전쟁은 진짜 전쟁이 아니라는 거죠. 설사 전쟁이 진짜 일어났다고 해도 우리가 알고 있는 그런 전쟁이 일어난 건 아니라는 말인데요. 어떤가요? 하지만 보드리야르가 이런 세상을 좋아한 것 같지는 않아요. 저는 그의 글을 읽을 때마다 이런 세태에 대한 대단한 '냉소'를 느끼거든요.

● **하인리히 뵐**(1917~1985)
1972년 노벨 문학상을 받은 독일 작가랍니다. 쾰른에서 태어났는데요, 그가 어렸을 때 독일은 나치가 다스리고 있었어요. 서점에서 심부름꾼 노릇을 했으니 책을 항상 가까이 할 수 있었겠죠? 대학에서 독문학을 공부했어요. 하지만 전쟁이 일어나자 징집되어 전투를 치렀고 결국에는 미군 포로로 잡혀 2년간 수용소 생활을 했어요. 그리고 나서 작가가 되었지요.

뵐은 정부나 교회, 기업의 높은 직위에 있는 사람들을 좋게 그리지 않았어요. 대체로 이들은 거만하고 자기가 가진 힘을 남용합니다. 실제로는 용기도 없으면서요. 뵐은 이들을 조롱하곤 했습니다. 그 대신 서민들을 주인공으로 내세웠어요. 서민들이 일상적으로 주고받는 소박한 말들이 지식인들의 말들보다 더 진실하고 더 인간적이라고 생각했기 때문이라고 합니다. 그래서였을까요. 그는 쾰른의 유명 인사였는데요, 언젠가 그가 병원에 있을 때 간호사가 이런 불평을 했다고 하네요. 친구인 하인리히 뵐을 만나러 왔다고 말하는 가난뱅이들이 왜 그리 많냐고요.

● **대니얼 디포**(1659~1731)・**미셸 투르니에**(1924~)
대니얼 디포는 우리가 너무 잘 알고 있는 소설 『로빈슨 크루소』의 저자입니다. 영국에서 활동했지요. 당시에는 소설이 지금 같은 형식을 갖추고 있지 않을 때였죠. 그래서 영국에서 디포는 종종 근대 소설의 선구자처럼 평가되기도 한답니다.

하지만 디포는 소설만 쓴 게 아니에요. 자신의 정치적, 경제적, 종교적 견해를 적은 소책자를 팸플릿이라고 부르는데, 그는 이런 것을 만들어 여러 사람들에게 뿌렸지요. 오늘날로 치면 언론 활동과 사회 운동을 열심히 했는데요. 그 때문에 감옥에 간 적도 있어요.

『로빈슨 크루소』 이야기는 어떻게 만들어진 걸까요? 이 소설을 연구한 사람들은 디포가 외딴섬에서 홀로 살다 나온 누군가의 실제 이야기를 들은 게 아닐까 추측한답니다. 로빈슨 크루소의 실제 모델로 유력한 사람은 의사였던 헨리 피트먼입니다. 피트먼은 어떤 폭동에 가담한 죄로 카리브 해로 유배되었는데요. 배가 좌초해서 섬에 홀로 남았고, 필사적으로 탈출했어요. 그리고 그 이야기를 책으로 써냈답니다. 당시 디포가 피트먼과 멀지 않은 곳에 살고 있었기 때문에 직접 만났을 수도 있고, 피트먼 책을 펴낸 출판업자와 친분이 있어 그 원고를 읽었을 거라고 봅니다. 물론 정확한 사실은 디포만이 알겠죠.

투르니에는 『방드르디』의 작가입니다. 그런데 투르니에의 생일과 소설 속 로빈슨 크루소의 생일이 같아요. 둘 모두 12월 19일생이죠. 투르니에는 일찍부터 철학 교수가 되는 꿈을 가졌대요. 그런데 대학교수 자격시험에서 낙방을 했어요. 그러고는 작가가 되어 쓴 첫 책이 이 『방드르디』입니다.

투르니에는 스스로 철학 공부에 대단한 자부심을 가졌는데 꼴찌라니 너무 큰 충격을 받았답니다. 화가 나 대학 문을 꽝 닫고 다른 일을 하겠다고 결심했대요. 번역도 하고, 방송국 프로그램 담당자로도 일했습니다. 그러고 나서 소설을 쓰기 시작했죠. 1960년대였는데요. 그때 프랑스에서 디포의 『로빈슨 크루소』가 새로 출간되었대요. 투르니에는 그 책을 읽는 순간 자신이 다시 써야겠다고 결심했답니다. 그 결심을 적어 볼게요. 여러분도 한번 생각해 보세요.

"내가 볼 때 1719년에 나온 디포의 『로빈슨 크루소』는 아주 충격적인 두 가지 문제가 있습니다. 우선 그 소설에는 방드르디(프라이데이)가 있으나마나 한 존재로 취급되어 있어요. 그냥 빈 그릇처럼요. 그리고 진리를 말하는 건 오직 로빈슨뿐이죠. 로빈슨은 백인이고 서양인이고 영국인이고 기독교인입니다. 나는 방드르디가 중요한 역할을 하는 소설을 써야겠다고 생각했어요. 그래서 제목을 로빈슨이 아니라 방드르디로 했지요. 디포 소설의 두 번째 문제는 로빈슨이 과거에만 매달리고 있다는 겁니다. 섬에 혼자 남아서 로빈슨이 하는 일은 오직 과거의 영국을 다시 만드는 것뿐입니다. 섬을 작은 영국 식민지로 만들고 있어요. 나는 그 생각이 얼마나 터무니없는지를 로빈슨이 깨닫게 되는 소설을 쓰고 싶었어요. 미래를 열고 계획하는 로빈슨 말입니다."

그림을 그린 **정문주** 선생님은

상명대학교 불어교육과를 졸업하고 여러 어린이 책에 그림을 그려 왔습니다. 얼마 전부터 철학 공부를 하고 있어서 이 책의 그림을 그리는 것이 더 즐거웠다고 합니다. 「소나기밥 공주」「금이 간 거울」「걱정쟁이 열세 살」「털뭉치」「여름이와 가을이」 등의 책에 그림을 그렸지요. 이 책 뒤표지, 본문 1, 4, 12, 22~23, 34, 36~37, 47, 54~55, 62~63, 71, 77, 92~93, 108, 116쪽에 그림을 그렸습니다.

그림을 그린 **정지혜** 선생님은

서울에서 태어나 자랐고, 대학에서 만화예술을 공부했습니다. 그림으로 아이들과 소통하는 다양한 길을 찾으면서 그림책을 그리고 있습니다. 그동안 「어린이집 바깥 놀이」「골목에서 소리가 난다」「연보랏빛 양산이 날아오를 때」「나는야, 늙은 5학년」 등의 책에 그림을 그렸습니다. 이 책 앞표지, 본문 3, 9, 10, 15, 16, 31, 32, 45, 46, 59, 60, 81, 82, 101, 102, 119, 120, 125쪽에 그림을 그렸습니다.

생각한다는 것
고병권 선생님의 철학 이야기

2010년 3월 31일 초판 1쇄 발행
2023년 1월 20일 초판 37쇄 발행

지은이	고병권
그린이	정문주, 정지혜
펴낸이	김상미, 이재민

기획	고병권
편집	김세희, 이원담
디자인기획	민진기디자인

종이	다올페이퍼
인쇄	청아문화사
제본	광신제책

펴낸곳	너머학교
주소	서울시 서대문구 증가로20길 3-12, 1층
전화	02)336-5131, 335-3366, 팩스 02)335-5848
등록번호	제313-2009-234호

ISBN 978-89-94407-00-5 43100
ISBN 978-89-94407-10-4 44100(세트)